ドイツ統一から探る
ヨーロッパのゆくえ

天理大学EU研究会 編

宮　隆啓
佐藤孝則
中祢勝美
浅川千尋
森　洋明
関本克良
望月浩二
山本真司
五十嵐徳子

法律文化社

巻　頭　言

　私は、1984年から2009年まで25年間、フランスに居住した。この間、ヨーロッパは大きく波打った。

　私が訪仏したころ、すでにヨーロッパ共同体（EC）が存在しており、その以前から模索されてきた「1つのヨーロッパ」への道は進んでいた。1989年にはベルリンの壁が崩壊。これが、イデオロギーによるヨーロッパ域内の対立に終止符を打つ、言わば1つの象徴的なできごとであった。

　壁が崩壊した頃、私は、所用で外出中で、テレビのニュースを見ることができないところにいた。ただ、パリの町中が何となくざわめいているのを感じ、慌てて家に戻りテレビをつけた。すると人々が壁の上によじ登り、歓喜の中でツルハシなどを打ち下ろし壁を壊す、あの有名なシーンが幾度も幾度も、繰り返し放映されていた。人々にとって、それは長年ヨーロッパに重く垂れ込めていた雲の切れ目から、太陽が顔を出したような感覚だったのだろう。

　93年には、ヨーロッパ連合（EU）へと発展していく。さらに、99年には、EU加盟国と完全に重複するわけではないが、単一通貨ユーロが導入される。

　ユーロ導入のときのことも鮮明に記憶している。もちろん、その何カ月も前から周知徹底されており、人々は換金の必要性は感じていた。私も、その1人である。しかし、99年1月1日に実際に導入されてから、慌てて換金するためにATMに走ったところ、機械が札切れで出すことができなかった。買い物をするたびに、頭の中で旧通貨であるフランで計算し高いか安いかを見極め、ようやく払うということが2年ほど続いたように思う。商店には、長らくユーロと旧フランの双方の値段表示がされていた。

　これら、一連の出来事は、言わば人間社会の1つの壮大な実験であろう。ヨーロッパは、民族の移動、領土の奪い合い、宗教間の相克、イデオロギーの対立によるものなど幾度もの戦乱を経験し、その教訓として1つになる道を選んだ。ヨーロッパの国々が、平和に互いに存在しあっていくためには、これし

か方法がないということなのだろうと思う。

　当初、デンマークなどでは国民投票で否定されるなど、難産の末誕生したEUであるが、まだまだ成人に達したとは言えない。イギリスは、今年6月の国民投票で離脱を決定した。それに伴って、残留支持者の多いスコットランドは、再び独立運動が盛んになる兆しを見せている。フランスなどでは、極右勢力が勢いづき離脱をほのめかしている。そうなれば、バスクやカタロニア、北アイルランドなどの独立運動が、また激しさを増すことになりかねない。加盟国であるギリシャも、財政破綻寸前で国が揺れている。イギリスのEU離脱は、ヨーロッパが先祖返りする始まりなのだろうか。

　ヨーロッパは今、新たな問題を抱えている。シリアなどから流れてくる多くの移民を受け入れるべきかどうか、苦悩が深まっている。反対派からは、域内の通行の自由を認めたシェンゲン協定を見直すべきだという声も聞こえてくる。

　仮に移民をすべて受け入れれば、ヨーロッパがヨーロッパでなくなってしまうと言う人々もいる。つまり、ユダヤ・キリスト教文明が、イスラム文明に侵されてしまうという危機感さえ漂う。しかし、文明の衝突はなんとしてでも避けねばならない。民主主義、自由、平等といった言わば人類の普遍的な価値を創り、それらをもって、今日まで、数多の障害を乗り越えてきたヨーロッパである。必ず、知恵を絞り、この人類初の実験を成功に導いていくのではないかと思う。

　今回、本学のEU研究会が、その研究成果を1つにまとめた。1人でも多くの方に読んでいただければ幸いである。人類の未来が垣間見えてくるかもしれない。

2016年7月吉日

天理大学学長　永尾教昭

目　　次

巻頭言　　　　　　　　　　　　　　　　　　　　　　　　永尾　教昭

第1章　ベルリンの壁崩壊——取材ノートから——宮　隆啓　 1
　1　国を捨てる人たち　 1
　2　東ベルリン　 6
　3　ベルリンの壁崩壊　 10
　4　東西ドイツ統一へ　 15

第2章　「ベルリンの壁崩壊」の伏線にあった
　　　　ハンガリーの環境保護運動——————佐藤　孝則　 22
　1　ハンガリーの地勢　 22
　2　ハンガリーの環境政策　 24
　3　ドナウ川流域に浮上したダム建設計画と環境保護運動　 25
　4　穏健な社会主義国だったハンガリー人民共和国　 30
　5　政治問題化した環境保護運動　 32
　6　「ベルリンの壁」を崩壊させた「汎ヨーロッパ・ピクニック」　 33

第3章　「記憶の場」としての
　　　　オラドゥール・シュル・グラーヌ——中祢　勝美　 38
　　　　——独仏の和解とEUについて考える
　1　独仏の和解と「記憶の場」　 38
　2　オラドゥール虐殺事件　 40
　3　戦後の新たな苦難——フランス国内の亀裂　 49
　4　ガウク大統領の歴史的訪問　 54

第4章　EUの政治・経済統合と機構 ―――― 浅川　千尋　60
　　――グローバル立憲主義化という視点から
　1　EUと立憲主義化　60
　2　EUの政治・経済統合とEU条約　61
　3　「EU憲法条約」の挫折とリスボン条約　64
　4　「EU憲法」構想をめぐる論争　66
　5　EUの機構　70

第5章　移民大国フランスの葛藤 ―――――― 森　　洋明　77
　1　移民大国としてのフランス　77
　2　植民地統治からみるアフリカへのまなざし　79
　3　イスラム系移民とフランス社会との摩擦　85
　4　共和国精神――同化と「ライシテ」　88
　5　EU拡大とフランスの移民問題の今後　92

第6章　ヨーロッパの国際人権保障 ――――― 関本　克良　98
　1　人権の国際的な保障　98
　2　欧州人権条約と個人通報制度　105
　3　EU法と欧州人権条約との制度的パラレリズム　108

第7章　ドイツ・欧州の環境保護・脱原発 ―― 望月　浩二　117
　1　ドイツの環境政策　117
　2　EUの環境政策　135
　3　欧州脱原発事情　137

第8章　欧州風刺地図と英国の独立精神 ――― 山本　真司　144
　1　欧州風刺地図の伝統　144
　2　国家を代表する貨幣の君主像　146
　3　言説としての地図――ヨーロッパのイメージ　147
　4　風刺地図にみるヨーロッパと英国　150
　5　現代につながる風刺地図の伝統と英国の独立精神　153

第9章　ロシアと中央アジアにおける
　　　　労働力移動とジェンダーの変容————五十嵐徳子　158
　　1　ソ連解体と人々の移動　158
　　2　移民大国ロシア　159
　　3　中央アジア女性もロシアで働く　162
　　4　インタビューに見る移民の状況　163
　　5　やはり祖国・・・　171

あとがき
執筆者紹介

第1章　ベルリンの壁崩壊
──取材ノートから

宮　隆啓

1　国を捨てる人たち

1　1989年夏

　1989年7月、パリでG7サミット・先進国首脳会議が開かれた。1789年7月のフランス革命から200年、記念の年のサミットである。G7サミットの後、TBS外信部の部長やデスク、それにJNN（Japan News Network／TBS-MBS系列）の海外特派員がパリに集まり特派員会議が行われた。私はこれに参加した後、西ドイツの首都ボンに特派員として赴任した。

　第二次世界大戦後のヨーロッパは、アメリカを盟主とするNATO・北大西洋条約機構に参加する西側の国々とソビエトを盟主とするワルシャワ条約機構に加盟する東側の国々との対立が続いていた。冷戦時代である。鉄のカーテンによって、ヨーロッパは東西に分断され、東欧ではポーランドのヤルゼルスキ議長、東ドイツのホーネッカー議長、ルーマニアのチャウチェスク第1書記といった共産主義政党のトップが長く権力を保持していた。

　こうした中、1985年にソビエトで、ゴルバチョフが最高指導者としての書記長に就任し、シェワルナゼ外相らとペレストロイカ（改革）、グラスノスチ（情報公開）を掲げて、国民を押さえつける政策からの転換を進めていった。西側各国の指導者は、ゴルバチョフ書記長について、ソビエトにも初めて同じ言葉で話のできる指導者が現れたと評価していた。

　ボンに着任間もない8月中旬、ポーランド・ワルシャワへ出張し、議会でのマゾビエツキ首相選出というニュースを取材した。マゾビエツキ首相は共産党

員ではなく、連帯新聞の編集長だった人である。東欧の変革が始まっていた。

2　ハンガリー

　緯度の高いドイツの冬は夜が長くて寒い。それだけに夏には陽射しを求めて南へ旅行する人が多い。これは西ドイツでも東ドイツでも同じである。東欧にも観光地やリゾート地はたくさんあり、1989年の夏休み、ハンガリーには東ドイツの人たちが大勢遊びに来ていた。「ハンガリーからなら、国境を越えてオーストリアへ簡単に行けるらしい」。夏休み旅行中の東ドイツの人たちの間にこんな情報が広まった。

　ハンガリーでもゴルバチョフ書記長の影響を受けて、改革派が党の指導部を掌握し、政治、経済などあらゆる分野での改革を積極的に進めるようになっていた。1989年8月19日には「汎ヨーロッパ ピクニック」というイベントが、オーストリアとの国境近くの町ショプロンで開かれ、イベントのどさくさの中、600人余りの東ドイツ市民が国境を越えてオーストリア側へ出て行った。ハンガリーでは、改革派が政権を掌握して以降、国境の警戒を緩め、人道に配慮する国であることを国際社会にアピールし始めていた。

　1989年9月2日、ドイツ人のカメラマンとカメラ助手との3人で、ボンから飛行機でウイーンへ行き、ウイーンの空港でレンタカーを借りて、オーストリア側からハンガリーとの国境に向かった。東欧の国々の国境管理は従来どこもかなり厳しく、2重の線で守られている。本来の国境線に柵などがあり、その東欧側にもう1つ塀や柵があって、東欧側からはこの内側の線から外へは出られない。この時、私たちが見た国境はオーストリア側、ハンガリー側ともに、ところどころに林があるものの見通しの良い畑が広がるところだった。ハンガリーが作った2つの柵の間には幅数10mの荒れ地が続いており、荒れ地の中には数100mから1～2kmごとに鉄骨で組んだ監視塔が、まだそのまま置かれていた。オーストリアとハンガリーとの本来の国境線はただの古びた柵で、錆びた鉄条網は脆くなっており、端を持って4～5回も回すと簡単にちぎれた。

3　国を捨てる人たち

　東ドイツでは、かなり多くの地域で西ドイツのテレビ、ラジオを受信することができる。衛星放送を受信するためのパラボラアンテナも見られた。同じドイツ語を使う東ドイツの人たちにとって、西ドイツのテレビを見るのに、さほど支障はない。国境を破ることが命がけでなくなったことで、ハンガリーからオーストリアへ逃れる東ドイツの人が出始めていた。このことが西ドイツのニュースに取り上げられ、それを知る人が東ドイツに増えていた。

　東ドイツもハンガリーに対して国境管理をきちんとするよう要請しており、簡単に国境破りに成功するわけではない。国境で捕まってもすぐに釈放されるので何度か試みる人もいたようだが、この段階では失敗し捕まるケースの方がまだ多かったようだ。それならばと、ハンガリーへ来た東ドイツの人たちは、ブダペストにある西ドイツの大使館へ駆け込んだ。その数は日に日に膨れ上がり大使館の収容能力はあっという間に越えた。こうしたニュースを知って、ますます多くの東ドイツの人たちがブダペストへと集まり、キャンプが住宅街のはずれにある教会の裏山に作られた。ひしめくようにテントが立ち、教会の前の道には、東ドイツの国民車トラバントがずらりと並んで停められていた。8月末から9月初めにかけての時期で、駆け込んだ人たちは、ハンガリーでの夏休み旅行の帰りに急遽やってきたという家族連れが大半だった。小さな車の中には、水遊びに使うものなど夏の旅行荷物が詰め込まれていた。

　私たちは教会の敷地には入れないので、車のところへ荷物を取りに来る人などにマイクを向けたが、ほとんどの人がテレビカメラに映されることを嫌がった。自分が国を捨てることが知られるのはマズイ。残った家族や親せきに悪いことが起きるかもしれないと心配しているのである。このキャンプの中にもシュタジと呼ばれる秘密警察、東ドイツ国家保安省のスパイがまぎれているらしいとの噂が囁かれたりもしていた。それでも「日本のテレビでしか放送されない」との口説き文句に納得し答えてくれる人もいた。

　一番聞きたかったのは、「どうして国を捨てて西ドイツへ行きたいのか」ということである。「自由に旅行がしたいから」という答えが圧倒的に多かった。私には故郷を捨て、家族や親、友達と離れて国を出る理由にしては薄弱す

ぎるように思えた。他の理由を挙げた人もいた。「党に入っていないので、いい仕事に就けないから」「私は画家だが、党に入っていないので誰も自分の絵を認めてくれないから」。しかし、圧倒的に多かったのが「自由に旅行がしたいから」という答えだった。

　東ドイツは東欧の中では一番豊かな国である。たいていは夫婦共働きで、十分な貯金がある人も多い。国外への旅行も東欧だけでなくソビエトの黒海沿岸やキューバなどのリゾート地も人気だという。しかし、西側の国へ行くのは容易ではない。西ドイツのテレビで見るパリやローマ、ミュンヘンなど魅力的な街へは、近くても行けないのである。西ドイツから東ドイツへ訪ねて来てくれる親戚は、デザインのいい服を着て、粋なバッグを持っている。東ドイツのものとは素材の質やセンスが違う。お土産も娘にはバービー人形、息子にはラジカセと東ドイツにはないものを持って来てくれる。西側の華やかな世界が見たい。そこにある魅力的な物を手に入れたい。こんな気持ちが「自由に旅行がしたいから」という答えにつながっていたのだろう。

4　西ドイツへ

　1989年9月10日、ハンガリー政府は大きな決断を下した。西ドイツ行を求めてハンガリーへ来ていた東ドイツの人たちの数がどんどん増えたことから、東ドイツとの間にあるビザ協定を停止し、東ドイツの人たちに「ビザを持っていなくてもオーストリアへ出てもよい」との出国許可を与えたのである。

　この時のハンガリー政府の決断にドイツのコール首相は後日、大いなる感謝の気持ちを表した。この決定によって大勢の東ドイツの人たちが西ドイツへ行くことができた。これが東ドイツ国内の各職場での空洞化を招き、党や政府の不安を搔き立て、ベルリンの壁崩壊へとつながったからである。

　ブダペストやハンガリー国内各地にいた東ドイツの人たちが、次々と国境を越えてオーストリアへ入った。トラバントやヴァルトブルクといった東ドイツの車が途切れることなく伸び、国境を越える車の列は夜が明けても続いていた。ハンガリーからオーストリアへ入り、オーストリアを走り抜けた車は、次の国境を越えて西ドイツへ入った。目的の地、西ドイツへとやって来たのであ

る。途中、何人もの人たちに聞いた。不安や疲れも消え、みな「夢が叶った」と、本当に晴れやかな表情で喜びを語ってくれた。遠回りはしたものの、無事に合法的に各国境を越えて西ドイツへ来られたのである。この日からの３日間だけで、ハンガリー・オーストリア経由で西ドイツに入った東ドイツの人は、１万数千人にのぼったと言われている。

　このルートで西ドイツへ入った人たちは、先ずパッサウという町にやってきた。パッサウはドナウ川沿いの美しい町である。町の体育館の前には、東ドイツからの人たちを歓迎する横断幕が掲げられ、受付では到着したばかりの人が入国の手続をしている。東ドイツから来た人のうち、親戚など頼れるところのない人は数日ここに留まった後、西ドイツの各州が用意する受け入れ施設へ移ることになっている。

　町の人は、次々到着する人たちにとても親切である。東ドイツでは殆ど見かけることのないバナナを配ったり、体育館の中を案内したりする人もいる。体育館の中には、たくさんの簡易ベッドが並び、食事スペースもある。衣服や靴などを豊富に揃えたコーナーもあるが、これらは赤十字などが西ドイツ全土から集めたもので、旅行荷物だけの軽装で出てきた人たちのために用意されたものである。新品ばかりではなく中古もあるが、きれいにクリーニングされているし、サイズも豊富で、気に入ったものは無料でもらえる。ジャケット、セーター、ズボン、スカート、下着、それに靴や靴下など、大人用から子供用まで、何でもそろっている感がある。東ドイツ製に比べると素材もいいし、デザインも豊富で垢抜けている。身につけた人たちは大喜びである。

　一気に大勢の人が来たため、体育館に入りきれない人のためのテント村も町はずれにできていた。大きなテントがいくつも張られ、食堂用やシャワー用、救護用のテントもある。町の人たちも何か手伝うことでもあればと次々にやってくる。プレゼントにと衣料品や日用品、食べ物などを持ってくる人もいる。テント村の真ん中あたりには様々な情報を提供する案内板があった。「看護婦さん求む。パン職人求む。電気工事の資格のある人。大工さん。……」。なかには、「うちは農家だが、手伝ってもらえるなら家が広いので、家族６人ぐらいまでなら一緒に住んでもらってもよい」といったものまで掲示されていた。

西ドイツの人たちの善意がいっぱいのパッサウの町だった。

2 東ベルリン

1 情報管理

　私が初めて東ベルリンへ入ったのは、1989年10月の東ドイツ建国40周年取材の時だった。10月4〜8日、5日間だけのビザが下りて、東ベルリンへ向かった。ボンの空港から西ベルリンの空港までは飛行機で1時間ほど、テーゲル空港に着いてレンタカーを借り、外国人用の国境通過地点、チェックポイントチャーリーの検問所へ向かう。入国チェックは厳しい。1つ1つの荷物だけでなく、車のエンジンルーム、トランクルーム、後部座席のシートを外してその奥に何か隠していないかまで徹底的に調べる。国境警備の兵士が長い棒を持って、その先端部分を車体の下に滑り込ませた。棒の先端には鏡が取り付けられていて、その裏側には動かしやすいようにコマが付いていた。鏡を使って車の下に何か隠していないかをチェックしていたのである。

　東ベルリンで取材をするにはプレスカードが必要で、国際プレスセンターで発行してもらわなければならない。国際プレスセンターの建物の中には郵便局やレストラン、資料室、記者会見が行われるホールなどがある。ソビエトのタス通信や東側各国の通信社もここに部屋を借りて支局を置いていた。廊下の掲示板には、東ドイツ政府の各省庁や社会主義統一党（共産党）の行事予定、記者発表予定などが張り出されていた。資料室には東ドイツ各地で発行されている新聞やプロパガンダのためのパンフレットなども置かれていた。この資料室には大画面のテレビが置いてあった。普段は東ドイツテレビのニュース番組などを放送していたが、ある時、プロパガンダ用のビデオを流していた。画面には西ドイツのどこかの町が映し出され、道路を歩いてくる浮浪者にズームインされる。浮浪者はいろいろな人に手を出してお金をもらおうとしているが、みんな無視して通り過ぎて行く。ナレーションには「我々の国には失業者はおらず、こうした浮浪者は1人もいない」という声が入っていた。

2　盗聴機

　東ベルリンで泊まっていたのは、ブランデンブルク門から歩いて10分ほどのところにあるメトロポールという西側外国人専用のホテルだった。東ベルリンには、この他にもグランドホテル、パラストホテル、ホテルシュタットベルリンなどが西側外国人用として用意されていた。ホテルの設備は西側と比べても遜色はない。支払いはすべて西側通貨払い、クレジットカードでもOKだったが、東側通貨での支払いは受け入れてくれない。メトロポールの場合、フロントには日本語を上手に話す若い女性の従業員も2〜3人はいた。こうした西側外国人専用のホテルは、外貨稼ぎと情報の管理、スパイ活動の防止などの役割も果たしているようで、私たちが好きなところに泊まることはできなかった。

　東ドイツの外国人用ホテルの部屋には、盗聴機が仕掛けられていると言われていた。聞いた話では、「たいていは電話機に仕掛けられているので、内密の話をする時には、電話機から離れて話をするか電話機を毛布にくるめばよい」ということだった。盗聴したとしても私たちの会話は、たいてい日本語なのでそのままでは理解できないと思うのだが、その場合には、フロントにいた日本語を話す女性たちが活躍するということだった。

　東ドイツの日本大使館に勤務する外交官の人に自宅に招いてもらったことがある。東ベルリン中心部に建つアパートの一室で、転勤してきた際に東ドイツ側からあてがわれた部屋だということだった。部屋に入る前に、「この部屋には盗聴機が仕掛けられていると思っておいてください」と言われドキッとした。冷戦時代の東ドイツで、様々な情報に関わる人たちの中では、これも当たり前のこととして認識しておかなければならない現実の1つだったようである。

3　インタビュー

　東ベルリン市民へのインタビュー取材を、街の中心、アレキサンダー広場のデパートの前で試みた。マイクを出すとみんな逃げていく。答えてくれたのはほんの少数である。「大勢の人が西ドイツへ出て行きましたが、どう思いますか？」「私はこの国に満足しています」。「西ドイツへ行きたいと思いません

か？」「思いません」。不満や怒りの声といった答えは全くなかった。インタビューを拒否する人が圧倒的多数で、ごくわずかの答えてくれた人も、すべて「この国に満足している」という答えだった。外国人と話しているのをシュタジ・秘密警察に知られると、何を話したのかを後でしつこく聞かれるというのである。まして外国のテレビのインタビューに答えていたとなると簡単には済まないのだろう。日本人の記者が警戒されるのも当然である。

　さらにインタビューに答えてくれそうな人を探していると、制服の警察官が突然現れて「ここでのインタビューや取材は許可されていないはずだ」と言われ、同じように取材していたフランスの放送局のクルーと一緒に広場から追い出されてしまった。

4　非合法団体

　東ベルリンに入ったら、非合法団体とされていた改革派の市民団体「ノイエスフォーラム」のリーダーに話を聞きたいと考えていた。何人かの住所や電話番号を調べ、代表の１人、バーバラ・ボーライさんと連絡がついて、インタビューに応じてもらえることになった。私たちの入国する少し前にボーライさんにインタビューしたイギリスの新聞『ガーディアン』の記者が、インタビューの後、国外追放になったということを聞いていたので、かなり用心しながら会いに行った。ボーライさんが住んでいたのは、東ベルリンの中心部から車で15分ぐらい北に行った住宅街にあるアパートだった。少し離れたところに車を止めて人通りの途切れるのを待ち、夜の闇にまぎれるようにして、カメラや三脚、照明機材などを手早くアパートに運び込んだ。通された部屋には、他のメンバーもいて、事務所のようになっていた。ボーライさんは高校の美術の先生で、壁には自分で描いたという大きな抽象画が飾られていた。この絵をバックに話を聞いた。ボーライさんは少し疲れた様子だったが、「東ドイツを捨てて、西側へ逃げ出すのではなく、私たちは東ドイツに留まって、この国を内側から民主的な国に変えていくために行動しているのです」と改革に取り組む思いを語ってくれた。インタビューの後も人目を窺いながら素早く車に乗り込み、一目散にホテルへ帰った。

取材したテープは、非合法団体のインタビューなので、東ベルリンの放送局から東京へ衛星伝送しようとすれば、チェックされるのは目に見えている。西ベルリンの放送局、SFB（ベルリン自由放送）から東京へ伝送することにした。ゴルバチョフ議長の同行取材でモスクワから来ていたTBSの先輩特派員が、ボン支局の助手と一緒に西ベルリンへ出て、SFBへ行ってくれた。衛星伝送の画面を見ていたSFBのスタッフはボーライさんのインタビューテープだとわかると、SFBでも放送させて欲しいと申し出たということだった。この日の夜の西ドイツの全国ネットのニュースでは、「日本のテレビ局の取材」とのクレジットを付けて、このインタビューが放送され、私の後ろ姿も画面に出たが、幸い追放処分にはならずに済んだ。

5　改革派

1989年10月7日、ソビエトのゴルバチョフ議長をはじめ東欧諸国の首脳が東ベルリンに招かれて、東ドイツ建国40周年の式典とそれに続くパレードが行われた。

この日の夜、東ベルリンの住宅街にあるゲツェマニ教会で集会が開かれた。東ドイツ国内で反体制運動の拠点になったのは教会だった。集会の自由がない東ドイツだが、教会でのミサは集会とはみなされておらず、誰でも参加できた。ゲツェマニ教会は改革派の拠点の1つで、この夜は2階の奥まで人で埋まり、通路に立つ人もいた。牧師さんの話の後、次々に発言者が演壇の前に立ち、静かな口調で話す。「大勢の人が西ドイツへ逃げ出している。しかし、逃げるのではなくこの国に留まり、この国を変えるにはどうすればよいのか」「何が起きようと暴力は絶対にいけない。警察や当局を挑発するような行動は慎まなければいけない」。挑発的なことを言う人は1人もいない。静かに真剣に自分たちの国の将来を考え、どうすれば国がよくなるかを模索している人たちが大勢いた。教会の中は静かな熱気であふれていた。

次の朝も、ゲツェマニ教会には人が集まっていた。各国からのテレビクルーも6～7班になった頃、隊列を組んだ20人ほどの警察官が現れ「教会の取材は許可されていない。立ち去れ」と命じた。「プレスカードをもらって取材して

いる」と対抗しても、「許されているのは、建国40周年の取材だけで、それは昨日で終わった」と強く言われ、私たちはみな実力で排除されてしまった。

3　ベルリンの壁崩壊

1　ホーネッカー議長の辞任

10月7日の建国40周年記念行事が終わって11日後の10月18日、ホーネッカー議長は、社会主義統一党（共産党）の書記長と国家評議会議長を辞任した。ボンにいた私は、これをカーラジオで聞いた。ニュースのヘッドラインを伝えるコーナーで、その時のコメントは、「東ドイツの国家と党の指導者、ホーネッカーが辞任した。後任はアル中男のエゴン・クレンツだ」というものだった。クレンツ政治局員が酒好きだとは聞いていたが、いささか乱暴なコメントである。クレンツ新議長はホーネッカーの秘蔵っ子と言われていた。この年6月の天安門事件の際には、中国政府の強硬姿勢を支持していたが、指導者の座に就くと改革派ぶりをアピールし、「クレンツは東ドイツのゴルバチョフを目指している」と言われたりもした。このクレンツも50日足らずで12月6日には退陣することになる。

2　静かなデモ

東ベルリンで11月4日、100万人規模のデモが行われ、これを取材した。主催者は東ベルリンの俳優連盟。なぜ俳優連盟が主催したのかは判らなかったが、主催者としては、とにかく混乱が起きないようにと、腕章を巻いた警備の人員を大勢配置し、デモがスムーズに行われるよう慎重に配慮していた。ものすごい数の人たちが東ベルリンの中心部に集まったが、デモはシュプレヒコールもなく気が抜けるほど静かに行われた。「西側へ行きたい」「選挙のいかさまはやめろ」といったものや、表現の自由、報道の自由、旅行の自由などを求める横断幕やプラカードもあることはあったが、デモの参加者数からすると極めて少なく、ほとんどの人はただ歩いているだけだった。デモのコースの中で唯一賑やかだったのは、パントマイムのコーナーで、党の指導者の仕草や顔の表

情を真似ていて、笑い声が絶えなかった。

　参加者たちはデモの後、東ベルリンの中心にあるアレキサンダー広場とその周辺の道路を埋め尽くした。ここでは党の幹部、シャボウスキー政治局員らが市民の質問に答える形で公開討論が行われていた。シャボウスキー政治局員は改革派に近いとみなされており、議論もうまく、党の広報担当だった。広場にはスピーカーが何10本も立てられ、参加した人たちは真剣に討論に耳を傾けていた。この様子はDDR-F（東ドイツテレビ）が3時間にわたって全国に生中継した。首都での大規模なデモを許可したり、党の政治局員が公開討論に応じたりと、東ドイツではこれまでなかったことが行われ始めた。改革ぶりを内外に積極的にアピールしたかったということなのだろう。しかし、「改革は社会主義体制の枠の中で。党の指導の下に」という基本姿勢は変えておらず、多くの市民が求めるところとは、まだかなりの隔たりが見られた。

3　旅行規則の改正

　デモの後、11月8〜10日の日程で党の中央委員会総会が予定されていた。一番関心を集めた議題は政治局員の人事で、保守派と言われる人たちが退き、改革派と目される人たちが席に着いた。中央委員会総会の開かれている日は夕方になると、国際プレスセンターで外国人記者向けに会見が開かれる。会見するのはシャボウスキー政治局員で、11月9日の夕方も行われた。この日は、臨時党大会ともいえる党の協議会を12月15日から開くことを決めたほか、複数の候補者による新しい選挙についての討議が行われたということだった。

　会見が終わりに近づいたころ、シャボウスキー政治局員は、こう言った。「ところで皆さんはもうご存知だと思いますが、明日から旅行規則が改正されて、誰でも自由に西ドイツや西ベルリンへ行けるようになります」。会見場はざわついた。会場にいた記者は、みんな初耳で、すぐにいくつかの質問が出たが、シャボウスキー政治局員は、「この決定は閣僚評議会（内閣にあたる）がすでに発表しているはずです。私は詳しくは知らないのです」と多くは答えなかった。そうこうするうちにADN（東ドイツ通信）の配信した記事のコピーが各記者の間に回った。「誰もが外国へ行く申請を出せる。そして選別されるこ

となくすぐに許可される」。これなら東西のドイツ、ベルリンを分断していた壁は意味をなさなくなるはずだ。これを日本に伝えるなら、分断の象徴と言われ壁の直近に建つブランデンブルク門をバックに、スタンダップのリポートを撮りたい。カメラマン、助手とともに車でブランデンブルク門へ向かい「旅行規則が改正され、これによって、ベルリンの壁は無意味なものになります」とリポートした。

4　待ち受ける人たち

　ブランデンブルク門の向こう、壁の西側からざわめきが聞こえた。リポートを収録したテープは、助手に車でDDR-F（東ドイツテレビ）まで持って行って衛星伝送してもらうことにして、カメラマンと2人で西側のざわめきの正体を取材するため、歩いてチェックポイントチャーリーへ急いだ。この季節、夜8時半ごろとなるとかなり冷え込む。検問所を通る人はあまりいない。カメラ機材などの簡単な所持品検査だけでパスポートにスタンプを押してもらい西側へ出た。ゲートの西側には何10人もの西ベルリンの人たちがいた。東ドイツの旅行規則改正のニュースをラジオなどで聞き、すぐにも東ベルリンから来る人たちがいるはずだと待ち受けていたのである。

　国境警備の係官に聞くと「旅行規則の改正が効力を持つのは明日からで、しかも東ドイツの国民は、自分の住んでいる地域の警察へ行き出国ビザのスタンプを押してもらわなければならない」ということだった。このビザのスタンプは警察へ行けば、誰でも押してもらえるはずだが、まずは警察へ行かなければならない。「実際に東ベルリンの人たちが国境を越えるのは、たぶん明日の朝、9時半か10時頃からだろう」、係官はこう言っていた。一方待ち受ける西側の人たちは、「ラジオではすぐにも出られるように言っていた」と興奮気味だった。しかしこの時点で出てきたのは、カメラマンと私の日本人2人だけだった。

　ベルリンの壁に沿って少し歩くと、西ベルリン側から壁の向こうの東ベルリン側を見るためのパイプで組んだ台があった。ここで西ドイツのテレビのチームにインタビューされた。「今日のニュースをどう思う？」「ドイツ人を分断し

てきたこの壁が無用のものになる。素晴らしいことだ」「このニュースは、もう日本に伝えたのか？」「今、壁の向こう側でリポートを収録してきた。日本ではもう少しすると朝のニュースが始まる。日本人も驚き、喜ぶと思う」。インタビューする側も答える方も少し興奮気味だった。壁際でロウソクに火をつけている女性がいた。マイクを向けると「このベルリンの壁に苦しめられた人たちのこと、命を落とした人たちのことを思い起こし、祈るためです」と静かな声で答えてくれた。壁際にはすでに20〜30本の小さな灯が揺らいでいた。

5　自由な往来

　検問所でスタンプを押してもらい、東ベルリン側へ戻った。ホテルの前で助手と合流、衛星伝送が無事終わったことを確認した。夜の早い東ベルリンにしては、かなり遅い時間だったが、ホテルの前にまだタクシーがいたので、部屋へ帰る前に市内を一回りすることにした。ドライバーに「どこかで何かの動きがあるようなことを知らないか」と聞いてみると、「ボルンホルマー通りの国境検問所に人が集まりだしているとラジオで言っていた」と教えてくれた。ボルンホルマー通りは中心部から少し北へ行った住宅街にある。向かうことにした。

　近づくに従い人がどんどん多くなる。とうとう道が人でふさがり、車では進めなくなった。機材を持ってタクシーから降り、人並みの向う方へ進む。押されながら前へ進むと検問所のゲートのところへ来た。一番前まで出ると鉄柵の大きなゲートがあり、その端にある小屋で国境検問の係官が次々と出される東ベルリンの人たちのパスポートにスタンプを押し、西ベルリンへの通過を認めていた。後ろに控える人の多さに比べ、その作業は遅々としたものだったが、スタンプを押してもらった人は、すべて通してもらっていた。旅行規則の改正は、翌日を待たず、しかも地元警察での許可もなしに効力を発していた。その光景を取材しているうち、人々の動きが急に早くなりだした。それまで、1人が通れるだけしか開いていなかったゲートが、道路幅いっぱいにまで全開にされたのだ。みんなが大きな流れとなって西ベルリンの方へと動きだした。ベルリンの壁の崩壊である。東ドイツの国境警備隊員が、鉄のカーテンを開けたの

である。ゲートの全開で国境検問所は消えたかのようだった。流れは途絶えることなく、後から後から人の波が続く。東ドイツの国民車、トラバントも歩く人に囲まれながらゆっくりと西ベルリンへと入って行く。マイクを出して感想を聞くと答えは一言「Wahnsinn（ヴァーンジン）」「正気の沙汰とは思えない。信じられない」とでも訳せばよいのだろうか。長年の夢が叶った瞬間のことである。短い言葉に、喜びが集約されている。言葉にならない人もいる。

　国境検問所のゲートから50〜60m行くと橋が架かっている。この橋が東西ベルリンの国境で、橋の上では、西ベルリンの人たちが大勢待っていた。お祝いにと発泡性ワイン持参の人もいる。かけ合ったり、ラッパ飲みで瓶を回し飲みしたり、肩を抱き合ったり、初めて会った西の人と東の人とが、あちらこちらで小さな輪を作り喜びあっていた。西ベルリンのこの辺りは住宅街だが、橋からすこし行ったところに酒場があった。20人も入ればいっぱいの小さな店だが、超満員で50人くらいもいただろうか、みんな立っている。入ってみると、ビールをついではジョッキを配っている。「今日はお祝いだ。お金はいらないよ。」「西の空気はどうだい」「あんた、どっから来た。そこなら知っているよ。おばさんが住んでいるんだ」「西のビールの味はどうだい」。いろんな会話が渦巻いていた。店を出たところでも西の若者が、東の若者を誘っている。「車でクーダムへ行こう。一晩中開いている店もあるから」クーダムは西ベルリンの繁華街で、西の人たちは東から来た人たちを案内したいのだ。これまで来たくても来られなかった人たちに西ベルリンを見せ、西側の世界を体験させてあげたいのだ。初対面でもお構いなし。同じドイツ人同士、一緒にこの夜を分かち合いたいのだ。喜びに沸く夜が続いた。私たちは、「ようやく西ベルリンへ来られた東ベルリンの人たち」の取材をして、朝の3時ごろになって東側へ引き上げた。国境の橋の上は、この時間になっても、西へ行く人、東へ戻る人で賑わっていた。この夜のボルンホルマー通りの国境検問所には、自由な往来を妨げるものは何もなくなっていた。

6　市民が党に勝った

　ベルリンの壁が崩壊した11月9日以降の東ドイツの変化は、猛スピードで進

んだ。党は保守派と言われる人たちを更迭、改革派を要職に起用して、人心一新ぶりを見せようとした。党幹部の汚職や権力乱用が明るみに出る。東ドイツのマスコミも次々と自己批判する。これまで市民が恐れていた党が、今は市民の批判にさらされ、市民を恐れている。これまでの党と市民の関係が逆転していった。戦後40年余り続いた共産党の1党独裁体制は放棄、シュタジ・秘密警察として恐れられていた国家保安省も解体、学校での思想教育も消えた。DDR-Fで政治キャンペーン番組を担当していたキャスターも番組の中で自己批判した。東ドイツを40年余りに亘って支えていた体制が崩れていった。街ではベルリンの壁が次々と壊され、かつて東と西を結んでいた道路がまた1つに繋がった。地下鉄でも途切れていた線が繋がって、閉鎖されていた駅が再開、昔の路線が復活した。国境での検問も形式的なものとなった。マイクを向けても口を開かなかった市民が、ごく普通にインタビューに応じ自分の意見を言ってくれるようになった。

　東ベルリン市内の公園にマルクス像があったが、この像にはベルリンの壁崩壊後、「万国の労働者よ、ごめんなさい！」との落書きが書かれていた。これは共産党宣言に書かれた有名な言葉「万国の労働者よ、団結せよ！」をもじり揶揄したものだ。資本論や共産主義宣言を書いたマルクスは東ドイツでは聖人扱いで、100マルク札の肖像にもなっていたが、社会主義の聖人マルクスも形無しである。

　1989年の11月初め、100万人デモと中央委員会総会の取材に1週間ほどの予定で入った東ベルリンだったが、結局1990年の年明けまで2カ月余り滞在した。この間、体制も街も人も、すさまじい勢いで変化した。

4　東西ドイツ統一へ

1　東ドイツの暮らし

　カールマルクスシュタット（現在は旧名のケムニッツに改名）から車で40分程のところにある小さな町に、ボン支局の助手の親戚が住んでいるというので、その家族を取材させてもらうことになった。ゴットフリートとイネスの30歳代

の夫婦に小学生と幼稚園の娘2人の4人家族である。ゴットフリートは自動車のブレーキに使う部品を作る工場に、イネスは繊維工場で使う機械を作る工場に勤めている。自宅は3階建の共同住宅の2階部分、100㎡ほどの広さで3年前にローンで買ったそうだ。部屋の中にはテレビやステレオセット、家具などが揃っている。車もトラバントのワゴンタイプを持っている。乗せてもらったが、1200ccのエンジンで音が少し大きいものの、軽量ボディーの効果か加速感もよく軽快に走る車である。給料は2人合わせて12〜13万円、家のローンの返済があっても毎月2〜3万円の貯金ができるということだった。イネスの買い物について食料品店へ行った。基礎的な食料品はすごく安い。パンなどは2斤ぐらいの大きさのものが10円もしない。この店では生鮮野菜はあまり多くなかったが、ソーセージや牛乳、缶詰、瓶詰、りんごなど、どれもずいぶん安く、日本と比べると1/3〜1/20位の値段で売られていた。

社会主義の経済体制を堅持している東ドイツでは、食料品や衣類、靴など生活必需品は、国が補助金を出して値段を低く押さえている。特にパン、バター、油、香辛料などの値段は、30年以上も変わっていないということだった。これは、東ベルリンで調べた値段だが、小さなパンが5つで1円、バター250gが10円、牛乳1リットルが3円、信じられない物価である。イネスが買い物をした中で、瓶入りのジュースだけが1本150円ほどと日本並みの値段だった。イネスは「子供たちが好きなので」とこれを買っていた。上質の物でぜいたく品にあたるのだろう。イネスは買い物に行く時に籠の中に牛乳瓶やジュースの空き瓶などを5〜6本入れて行き、食料品店の前に置かれたケースに戻していた。ここでは使い捨ての紙パックやペットボトルはなく、ガラス瓶の容器が繰り返し使われるということだった。

近くのアパートに住むイネスの両親の部屋にもお邪魔した。20畳ほどのリビングには大きなサイドボードや飾り棚があり、きれいなワイングラスや人形、動物などの置物、各地のお土産のようなものがたくさん飾られていた。台所にはハムや肉を薄く切るための電動のスライサーもある。思いがけなく夕食を一緒にいただくことになった。地元の大きなソーセージを茹でたものやベーコン、じゃがいもといった純ドイツ料理だった。ビールも地元産の少しアルコー

ル度の高いボックビアという季節限定もので、心のこもったもてなしに楽しいひと時を過ごさせてもらった。冗談ばかり言っていたイネスのお父さんが「2年後には年金生活になるが、急激に進む改革の中で自分たちの老後の生活がどうなるか心配だ」と話していたのが、いつまでも心に残った。

2　くすんだ現実

　東ドイツでの暮らしは、生活費が安いこと、物価の上昇がほとんどないこと、十分な貯金ができることなどもあり、安定しているように思えた。車やテレビなど贅沢品と目されるものは高価だが、貯金さえしていけば普通に買える値段である。一般家庭では、電話はまだ普及途中だったし、ビデオデッキもあまり見かけなかった。バナナに代表されるような南国のフルーツも店頭にはなかった。しかし、ぜいたくな生活さえ望まなければ、普段の生活には全く困らない。生活レベルもほぼ一定で、失業の心配もない。「戦後の焼け野原から、ものに困らない生活を、みんなができるようになった。貧富の差もなく、社会主義の理想にここまで近づいた。それなのにどうして国民の間に不満があるのか。全く分からなかった」。東ドイツを長く率いてきたホーネッカーはこう言っていたそうだが、何かが欠けていたのは間違いないのだろう。

　何が欠けていたのか、東ドイツの日本大使館にいた外交官の人と話したことがある。旅行の自由、表現の自由、思想の自由、報道の自由が大きく制限されていたということについては、議論の余地はない。しかし、東ドイツの人たちの間にあった不満というのは、それだけではなかったのではないか。普通の人たちが普通に暮らす中で、何かが欠けていた。東ドイツでは、やりがいを見出せる仕事選ぶこと、ほかの人とはちょっと違うものを持つこと、個性の出せる服を着ること、こうした希望が叶えられない。車には乗れてもモデルチェンジのないみんなと同じ車である。

　建国から40年、最初はみんながひもじい思いをせずに食べられること、ちゃんと住む家があること、カラーテレビや車が手に入ったことで夢や希望が叶えられた。この国の指導者たちは、人々が求めていた夢を叶え、希望を現実のものにしたと胸を張るかもしれない。しかし、時間が経つと色あせてくる。指導

者たちは国民に次なる夢と希望を用意できなかったのではないか。人間にとって夢や希望を見出せずに生きていくことは辛い。今の現実が過去よりはよくても、その中に新たな夢と希望がなければ、日々の生活はくすんで見えバラ色ではない。東ドイツの指導者たちは、モデルチェンジ、次なる変化への期待を国民に抱かせようとしなかったし、できなかった。これでは国民から愛想を尽かされても仕方がなかったのではないか。取材の間に、こんな話を交わした。

3 統一への障害

　ベルリンの壁崩壊から4カ月後の1990年3月、東ドイツの人民議会選挙が行われた。東ドイツでは初めてとなる自由選挙で、CDU（キリスト教民主同盟）が勝利した。CDUは西ドイツではコール首相が党首を務めており、選挙戦では早期統一を旗印に掲げていた。コール首相自身が東ドイツ各地を回って戦った末の勝利で、この勝利をきっかけに両ドイツ統一の機運は急速に盛り上がった。

　ドイツとベルリンの分割占領は、第二次世界大戦末期のヤルタ会談、ドイツ敗戦後のポツダム協定で決まったことである。その後の1949年、アメリカ、フランス、イギリスの分割占領地域が1つになってドイツ連邦共和国（西ドイツ）となり、ソビエトの分割占領地域がドイツ民主共和国（東ドイツ）となった。ベルリンも同様に西ベルリン、東ベルリンとなり、西ベルリンは西ドイツ、東ベルリンは東ドイツの一部のようになっていたが、国際法上は1989年の時点でもベルリンだけは占領地域の扱いだった。西ベルリンの若者は西ドイツにはある兵役の義務を課せられなかったし、西ドイツの航空会社・ルフトハンザはベルリンへは乗り入れを許されていなかった。ベルリンも含めて両ドイツが統一するためには、両ドイツの合意だけでなく戦勝4カ国の承認が必要だった。

　東ドイツの人民議会選挙でCDUが勝利したことは、東ドイツ国民の民意は早期統一を望んでいるということを国の内外に明確に示したことになった。そしてこのことは戦勝4カ国の判断にも大きな影響を与えた。イギリスなどはドイツが大きくなることへの脅威論を言い立てたものの、コール首相、ゲンシャー外相が精力的に動き、アメリカ、フランス、そしてイギリスを説得し

た。西側での大きな障害はなくなったが、ワルシャワ条約機構の盟主ソビエトにとっては、ドイツ統一は同盟国東ドイツを失うだけではない。統一後のドイツがNATO・北大西洋条約機構に入ることになれば、軍事バランス上、マイナスの変化を来たすことになる。また、東ドイツに駐留する38万人のソビエト兵を引き揚げることになれば、その後の兵士の生活、住宅の問題など大きな国内問題を抱えることになる。両ドイツ統一に難色を示すのは当然のことと思えた。

4　コール・ゴルバチョフ会談

1990年7月1日、両ドイツは通貨の統一を果たした。弱小の東ドイツマルクと強い西ドイツマルクが1対1という破格のレートで交換されることになった。実勢のレートは7～8倍から10倍である。マルクスの肖像が入った100マルク札やエンゲルスの50マルク札に象徴された東ドイツマルクは消滅し、東ドイツの人たちは、待望の西ドイツマルクを手にした。

コール首相は7月9～11日の日程で開かれたアメリカ・ヒューストンでのG7サミットに参加、その直後の15日にはモスクワを訪れて、ゴルバチョフ議長との会談に臨んだ。さらにコール首相は、モスクワから1600km離れたゴルバチョフ議長の故郷、コーカサスの町スタブロポリへ向かい会談を重ねることになった。ここには大勢が泊まれるホテルがないということで、同行記者は翌日にスタブロポリから150kmほど離れたミネラルニエポリへ行き、ここで会談内容についての記者会見が行われることになった。この時点では両ドイツ統一について、ソビエト側の譲歩はないだろうと見られており、同行したのはドイツ人の記者が殆どで、日本人の記者は私と新聞記者が1人だけだった。

ミネラルニエポリの空港に着くと大型バスで、地区の市民会館のような建物に向かった。建物の周りは、両首脳を一目見ようという人たちで埋まっており、その中をかき分けるようにしてコール首相とゴルバチョフ議長が到着、会見が始まった。ゴルバチョフ議長に続いてコール首相が話した。「ゴルバチョフ議長は両ドイツの統一を祝福し、統一したドイツがNATO・北大西洋条約機構に加盟することを承認してくれました」。会見場にいたドイツ人記者の間

からどよめきが起こり、拍手が沸いた。会見の中で記者が拍手するなど異例のことである。これでドイツ統一にとっての最大の障害がなくなった。

5　2＋4外相会議

　コーカサスの町からボンへ戻り、翌日パリへ飛んだ。2＋4外相会議を取材するためである。2＋4というのは、東西両ドイツとアメリカ、イギリス、フランス、ソビエトの戦勝4カ国のことである。この会議はドイツ統一に際しての様々な問題について話し合うための外相レベルの会議で、3月の人民議会選挙で東ドイツ国民が早期統一の意思を示した後、1回目が5月5日ボンで、2回目が6月22日ベルリンで開かれていた。7月17日にパリで開かれたのは3回目である。凱旋門に近いクレベール会議場で行われたこの時の会議では、統一ドイツとポーランドとの国境をどうするかということがテーマで、ポーランドの外相も参加した。第二次世界大戦前のドイツの国土は現在のポーランドとの国境よりかなり東にまで広がっていた。敗戦で国境線は現在のオーデル川、ナイセ川の線まで西に移動させられたのである。この結果、多くのドイツ人が、住んでいた土地（シュレージエン地方など）を追われて、現在のドイツへ移住してきていた。会議では、ポーランド側の事前の各国への働きかけなどもあって、オーデル・ナイセ線を統一ドイツとポーランドとの国境とすることで話はまとまった。これで統一への懸案はすべて解決したことになり、次回9月12日にモスクワで開かれる4回目の2＋4外相会議で、6カ国の外務大臣が条約に署名しドイツ統一は承認されることになった。ボンへ戻ったゲンシャー外相、ソビエトでの首脳会談で最大の障害を乗り越えたコール首相はこの後、長い夏休みに入った。コール首相はいつもの夏と同じようにオーストリア・ヴォルフガングゼーの別荘にこもって趣味の畑仕事を楽しんだ。

6　ドイツ統一

　1989年11月9日のベルリンの壁崩壊から1年を経ずして、1990年10月3日、両ドイツは統一の日を迎えた。式典はブランデンブルク門のすぐ西側にある帝国議会前の広場で2日の夜から行われた。西ベルリン側の帝国議会前から東ベ

ルリン側のブランデンブルク門の周辺にかけては、今やさえぎる壁もなく、一帯となった人の波に埋まった。東ドイツのラジオは、10月2日の放送の最後に東ドイツ国歌を流し歴史を閉じた。1つの国が戦争によることなく消えた。東西冷戦の中、40年余り存在した東ドイツという国家は西ドイツに吸収され、ドイツは1つになって新たな歴史を歩み始めることになった。

〔**参考文献**〕
浅川千尋編（1999）『知の扉——新しいドイツへ』晃洋書房

第2章 「ベルリンの壁崩壊」の伏線にあったハンガリーの環境保護運動

佐藤　孝則

1　ハンガリーの地勢

　ハンガリーは中央ヨーロッパに位置する小さい国で、ヨーロッパ36カ国の中では16番目の大きさ。面積はおよそ9万3000km²で、日本の4分の1の広さをもつ。北海道よりすこし大きいくらいの面積で、北はスロヴァキア、東はウクライナとルーマニア、南はセルビアとクロアチア、西はスロヴェニアとオーストリアの国々に囲まれている（図表1）。

図表1　ハンガリー全図。国を縦断するドナウ川

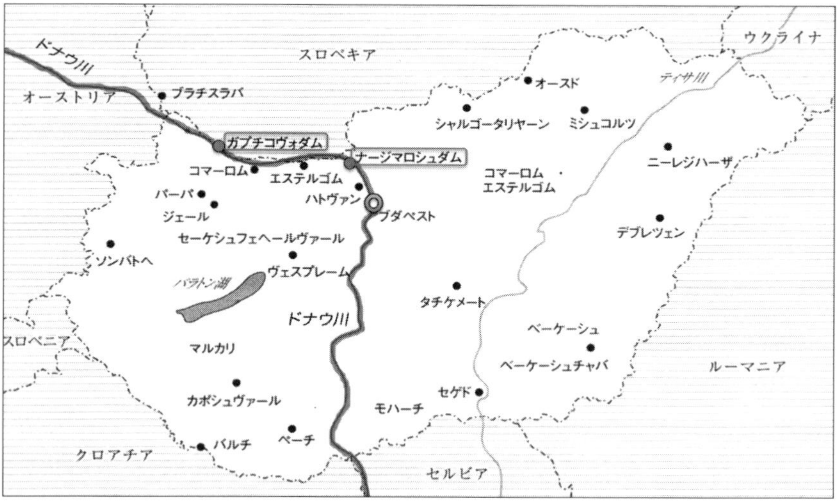

出典：川名（2008：147）を一部改変

第2章 「ベルリンの壁崩壊」の伏線にあったハンガリーの環境保護運動

地形をみると、ハンガリーはアルプス、カルパチア、ディナール山脈に囲まれたカルパチア盆地にあり、国土の84％は標高200m以下の平地、残りの16％は200m以上の丘陵地と山地で成り立っている。そして森林面積は、国土全体のおよそ18％を占めている。気候は湿度の高い大陸性気候で、西から大西洋型、南から地中海気候圏の影響を受けている。それゆえ、天候は変化しやすく、近接する場所でも気温や天気が全く異なる場合がある。

写真1　ブタペストの町並みと市街地を流れるドナウ川
出典：筆者撮影

ハンガリーの首都・ブダペストには、市街地を二分して流れるドナウ（ハンガリー語ではドゥナ）川がある（写真1）。この川は、源流がドイツのシュヴァルツヴァルト（黒い森）で、オーストリア、スロヴァキア、ハンガリーを経て黒海へ流れる国際河川である。また国際河川であるがゆえに、国家間の紛争の火種になることがある。特に水質汚染、水利権、ダム建設、生態系攪乱など、流域住民や国家間の利害が絡む環境問題は多様で、複雑化することがある。

ドナウ川に限らず、ヨーロッパにはたくさんの河川があり、さまざまな国々を貫流して海へ流れ込んでいる。そのため、発生する環境問題は政治問題化することがある。

本章では、ドナウ川流域のチェコスロヴァキア（当時）とハンガリーの2国でダム建設計画が表面化し環境問題化したこと、そしてそれが大きな市民運動に発展したこと、さらにその運動がハンガリー国内で政治問題化し、その後に起きたハンガリーとオーストリアの国境開放、加えてその結果として起きた東ドイツ国民の西側への脱出、それが契機となって「ベルリンの壁崩壊」が起きた、というこれらの背景と経緯について以下に紹介する。

2　ハンガリーの環境政策

　ハンガリーの環境法は歴史的には1791年の「森林法」がその起源とされ、戦間期には森林、自然保護に関する法律が整備された。社会主義期に入ると生産資源の保護・管理を主たる目的として、段階的に包括的な環境政策の枠組みが整備された。最初に環境に関する規制基準が定められたのは1964年の「水質管理法」で、その後1973年の「大気汚染防止法」などを通して、規制的な手法（主として基準設定と基準違反への罰金）に基づく環境管理の枠組みが導入された（仙石 2006：86-87）。

　その後政府の組織として1974年には諮問機関である「環境保護国家評議会」、77年には行政機関である「国家環境・自然保護局（OKTH）」が設置され、後者は1987年に「環境・地域政策省」へと再編された。また1976年には環境領域の基本法となる「人間環境保護法」が制定され、ここで「健康な環境での生存権と、環境保護のための社会的責務」が明記されるとともに、環境保護のためのモニタリングや強制措置、課徴金・罰金制度など、当時としては先端的な環境保護のための制度が導入された。この法律は1995年に現行の「環境保護基本法」が制定されるまで、ハンガリーの環境政策の基盤だった（仙石 2006：85）。

　だが体制転換後のハンガリーでは、チェコスロヴァキアとは異なり、環境政策が政治イシューとならず、1990年代前半には環境関連の制度の改編はほとんど進まなかった。環境政策の再編のために各省庁の代表およびNGO、学会、ビジネス界などの代表からなる政府諮問機関「持続可能な開発に関する委員会」が設置されたのは1993年のことで、ここでの協議を受ける形でようやく1995年に、「環境保護基本法」が制定された。この基本法において「持続可能な開発」、「予防原則」、「汚染者負担」などの原則が法的に規定され、その下で政府の各部局、および省庁間の環境関連での協力の推進、政府の環境関連の情報収集の責任、環境教育の推進など環境改善のための各種の施策が導入されることが定められた（仙石 2006：85）。

　ハンガリーは、ポーランド、旧東ドイツ、チェコスロヴァキアの３カ国に比

べて石炭への依存度は低かった。そのため、1980年代初頭には石炭から石油・天然ガス、さらに原子力へとエネルギー源をシフトさせていた。そして、1987年までには、エネルギー生産を原子力38％、石炭31％、石油・天然ガス30％、水力1％以下とし、相対的に原子力への依存度を高め、石炭（褐炭やリグナイト）の依存度を低下させて1989年にはおよそ24％にまで減少させた。それでも、シフトする時期が遅かったため、1980年代末でも人口の44％余りが火力発電による大気汚染に苦しめられていた（岩田 2008：13）。

ブタペストの北東175kmに位置するミシュコルツには、火力発電所、製鉄所、化学工場、金属精錬工場など大規模な施設が10カ所あった（川名 2008：170-171）。これらの施設では燃料として二酸化炭素の発生量が多い褐炭が使われ、公害対策はほとんど実施されることはなかった。そのため、硫黄酸化物による大気汚染は深刻な状況だった。

もともと冷戦下の中東欧諸国は、あらゆる問題が中央計画当局によって計画的にコントロールされていたため、建前上は公害・環境汚染は存在しないものとされていた（箱木 2003：12）。

3　ドナウ川流域に浮上したダム建設計画と環境保護運動

1　ダム計画の内容と影響

ドナウ川流域は、中世から時々起きるドナウ川の氾濫に悩まされてきた。1965年6月、ドナウ川を挟んだ対岸のチェコスロヴァキア（現在はスロヴァキア）南部で堤防が決壊し、6万5000haの土地が水没して46市町村の約5万5000人が避難する大洪水に見舞われた（長與 1997：183）。そのため、ハンガリーとチェコスロバキアにとってのドナウ川の治水対策は、長く抱えてきた国家の大きな課題だった。

一方、工業化に伴う電力需要は増大傾向にあり、両国政府は、1951年以降、ドナウ川での水力発電所建設には前向きになり、幾度となく協議を重ねていた。そして1970年、両国は水力発電と洪水調整を兼ねた多目的ダム建設に係る協定を交わし、1977年9月に「ガプチコヴォ＝ナージマロシュ水利施設システ

ムの建設と運転に関する条約」を締結し、翌年6月30日に発効に漕ぎ着けた。その内容は、水力発電や水量調節を目的とした「多目的ダム」開発だった。

ドナウ川上流域のチェコスロヴァキアでは「ガプチコヴォ・ダム」を、下流域のハンガリーでは「ナージマロシュ・ダム」を共同建設する計画で（図表1）、前者は72万kWh、後者は16万kWhの発電能力をもつ水力発電所の建設計画だった（真下 1990：184-186）。発電量に差があるのは、ドナウ川は「ガプチコヴォ・ダム」までの上流域は比較的勾配は大きいが、「ガプチコヴォ・ダム」から「ナージマロシュ・ダム」までは比較的平坦な地形になっているため、結果的に前者のダムの放流水の落差は大きくなり、発電量も大きくなるという理由からである。

この計画がそのまま実施されたとすると、「ガプチコヴォ・ダム」でドナウ川の水の相当量が塞き止められるため、「ナージマロシュ・ダム」までの平坦な地形では流域の地下に浸透していた水量は激減し、周辺の内陸河川沖積湿地帯の地下水の低下が引き起こされ、下流のハンガリーの湿地帯で2～3ｍの水位の低下が予想されていた（岩貞・村上 2000：182-183）。これは、流域に住むハンガリー住民にとっての自然環境の破壊だけでなく、地下浸透量低下による飲料用水の減少と、それに伴う水質悪化も懸念された。旧中東欧を蝕んでいた大気汚染・土壌汚染・水質汚染の視点からも広く心配されていた（川名 2008：151-156；佐藤 2010：138-139；佐藤 2012：57-60）。

さらにこの計画は、ドナウ川の流れを大きく変えるだけでなく、「ガプチコヴォ・ダム」上流に第1ダムを建設し、そこに浜名湖ほどの面積をもつ巨大なダム湖を造成し、電力需要のピーク時には大量の水を流して発電するというものだった。しかし、ダム完成による大量放水によって、今度は「ナージマロシュ・ダム」までの平坦な地域では、支流への逆流が生じて急激な水面上昇が起き、広範囲にわたる洪水が発生し、河畔林や周辺の森が冠水して生態系へ悪影響を及ぼすと考えられた。

いずれにせよ、汚染されたダム湖の水が地下浸透して地下水を汚染し、飲料水の供給に支障を来すことが十分に想定された（加藤 1991：97-98）。

2 ハンガリーで起きた環境保護運動

このような心配をよそに、ダム工事は、「ガプチコヴォ＝ナージマロシュ水利施設システムの建設と運転に関する条約」が発効した1978年6月30日以降、予定どおりに押し進められた。

ところが1981年、ハンガリー政府がチェコスロヴァキア政府に、資金不足を理由に4年間の工事延期を申し入れたことから、工事は中断することとなった。そこですかさず、電力供給を期待していたオーストリア政府は、ハンガリーとチェコスロヴァキア両国政府に対して、電力供給に応じてくれるなら建設資金の援助を行う用意がある、と申し入れた。これを受けて、ハンガリー政府は政府内の意見調整を十分に行うことなく、1985年、「ナージマロシュ・ダム」の建設再開へ再び舵を切った。オーストリア政府が資金援助を申し入れたのには理由が2つあった。1つは、「ガプチコヴォ・ダム」の上流にオーストリア独自の「ハインブルク・ダム」建設を計画していたところ、首都・ウィーンで4万人規模の建設反対デモが起きたため、方策をあぐねていたこと。2つ目は、ダム建設に伴う政府の森林伐採許可をオーストリアの高等裁判所が違法と判断したためである（川名 2008：152-154）。

ハンガリーとチェコスロヴァキアの両国政府が推進するこれらのダム建設は、オーストリア政府にとっては「渡りに船」だったのである。

ハンガリー政府は、「ナージマロシュ・ダム」の建設再開へ再び舵を切ったものの、政府内は一枚岩ではなかった。水管理関係の省庁はダム建設を強く支持したが、その他の省庁は環境保護を考えて建設計画に反対していた。そのような状況の中で、この計画に疑問をもつ生物学者や水文学者たちが、大きな声をあげるようになった（川名 2008：153-154）。

既述したように、ハンガリー国民の多くは、ドナウ川流域の生態系破壊よりもむしろ地下水や飲料水への環境汚染、すなわち生活するために必要な安心・安全が脅かされることへの強い懸念が、反対運動の源泉の1つにあった。しかし、大義名分としては、「ナージマロシュ・ダム」を建設するとダム上流の支流域へ水が逆流し、急激な水面上昇が起き、広範囲にわたる洪水が起きたり、河畔林や周辺の森が冠水して生態系へ悪影響を及ぼす、という理由だった。

写真2 「ナージマロシュ・ダム」建設反対デモ（1988年5月末）
出典：松岡（1990：155）より

なかでも、「ダム建設は河川生態系や周辺農村の生態系が破壊される」として強い反対表明を出したのは、生物学者でジャーナリストのヴァルガ・ヤーノシュだった。彼は、工事が中断していた1984年1月、環境NGO「ドナウ・サークル」を結成し（加藤 1991：98-99）、ダム建設反対運動を展開していた。反対運動は予想以上に拡大していった。ハンガリー政府は、拡大する反対運動を予想して、1984年5月にはマスメディアに対してダム関係に関する報道を禁止した（川名 2008：153）。

反対運動を展開するとともに、この「サークル」は、1985年、「ナージマロシュ・ダム」建設に関する環境影響評価書を出版した。そして、翌年1月、社会主義国では厳しく活動規制されている民間団体として、前例のない公開記者会見を首都・ブタペストで行った。その数週間後、この「サークル」のデモ計画が発表されると、ハンガリー政府はヴァルガらを警察へ出頭させ脅かした。ところが、デモの直前に事態は急展開することとなった。ハンガリー議会が「ナージマロシュ・ダム」建設と「ドナウ・サークル」の活動について前向きな審議を始めるようになった（川名 2008：155）。これは、ダム建設に関わる是非と環境保護団体の活動について再評価を与えたことを意味する。

この思いもよらない急展開は、さまざまな人たちにさまざまなチャンスを与えることになった。これまで、この「サークル」の活動は、一般市民や研究者など政治的にはあまり関わりを持たなかった人たちによって押し進められてきたはずである。ところが、この"どさくさ"に紛れて、それまで共産党主流派に抑えられていた反主流派の人たち、あるいは1956年のハンガリー動乱後に国

外逃亡を余儀なくされていた人たちにとっては好機だったようである。それだけではない。それまで政治に無関心だった多くの国民に、政治と生活との関連性を気づかせた「サークル」の功績は大きかった。

すでにおよそ14万人が署名した「ナージマロ

写真3 「ナージマロシュ・ダム」ダム建設予定地
出典：川名（2008：153）より

シュ・ダム」建設反対の意思表示は、ブタペスト市内で5万人のデモ行進を実現させ（写真2）、国民の環境問題への関心を強く意識させたりした（川名2008：156）。

1989年、ハンガリー政府は再び「ナージマロシュ・ダム」の建設工事を取り止めた（写真3）。これに対し、すでに「ガプチコヴォ・ダム」をおよそ90%完成させていたチェコスロヴァキア政府は反発し、両国の対立はさらに激化した。1992年になると、ハンガリー政府が条約自体を破棄したことによって、チェコスロヴァキアから権利を継承したスロヴァキア政府は、破棄したことを非難し、両国の対立は頂点を極めた。

その後、EC（欧州共同体）が仲裁に入り、この問題は国際司法裁判所へ提訴されることとなった。1997年、裁判所は条約を破棄したハンガリーとダム建設によって自然を破壊したスロヴァキアに対し、両国に罰金を命じ、一件落着となった。この判決は、国際司法裁判所が国際河川の紛争に対して初めて下した判例だった。

判決の結果はどうであれ、社会主義国において環境保護運動がこれほど拡大し、時の政府の判断をも覆した事例は、冷戦下の中東欧の社会主義国では初めてではないだろうか。

4　穏健な社会主義国だったハンガリー人民共和国

　そもそも、ハンガリーはオーストリアと連邦をなし、ヨーロッパではオーストリア＝ハンガリー二重帝国（1867〜1918年）として重要な地位を占めていた。ところが、第二次世界大戦で敗戦国になると、帝国は分断され、1945年5月以降、ハンガリーはソ連が主導する共産主義体制下に組み込まれた。そのため、ハンガリーは"ヨーロッパ"の枠内から外されたことに嘆き、民主的な"ヨーロッパ"の枠組みに復帰したい、という思いを深めていた。

　1956年、民主的な"ヨーロッパ"を求めて起こした「ハンガリー動乱」は、ソ連の軍事介入で圧殺されたが、「動乱」を収拾したカーダール・ヤーノシュは、ハンガリー社会主義労働者党の書記長となり、「動乱」を招いた元首相のナジ・イムレを死刑に処した。そして、カーダールは一党独裁制を敷いたが、「我々の敵でない者は味方である」とし、政治犯の釈放や1964年にはローマ教皇庁との和解を積極的に押し進め（永井・南塚 1990：215）、社会主義国の中では比較的穏健な政治体制を敷いた。

　1966年、ニエルシュ・レジエ書記らは「新経済メカニズム」を導入し、1968年から1972年まで順調に進めるなど市場経済の一部導入を図ったほか（永井・南塚 1990：217）、同年11月には国民議会選挙の候補者を複数候補制にするなど、政治改革も積極的に押し進めた（三浦・山崎 1992：48）。

　ところが、1973年、これらの改革はソ連の圧力によって後退を余儀なくされ、ニエルシュらも解任・左遷された。ただその処遇は、1968年にポーランドで起きた「プラハの春」以降では、改革派党員が追放されたチェコスロヴァキア共産党の「正常化」に比べればなぜか穏やかなものだった（三浦・山崎 1992：49-50）。また、「新経済メカニズム」も完全には廃止されず、1978年に起きた第二次オイルショック以降、一部市場経済を導入したこの「メカニズム」が再評価され、脚光を浴びるようになった。さらに政治的にも、地方自治の拡大、党の指導性の限定化などの施策が採用されるようになった。

　1982年にはIMFに加盟し、1983年には再び議会選挙が複数候補制となっ

た。そして、1985年には社会主義労働者党の党員以外からも国会議員として当選する者が現れた（永井・南塚 1990：218-220）。このような流れの中で、ハンガリーでは1980年代の10年間、さまざまな変化・改革が推し進められた。

このようにハンガリーでは、すでに1980年代半ばの時点で改革派が政治に参画する機会が確保され、支配政党のハンガリー社会主義労働者党の中から体制変革の動きが生まれてきた点が、他の中東欧諸国との大きな違いである。

他の中東欧の社会主義国に比べると早いうちから市場経済化、政治の自由化を進めており、ソ連のゴルバチョフ政権による1980年代後半からのペレストロイカの流れもあって、改革をさらに進めていたハンガリーだった。ところが、1980年代後半になると、カーダール・ヤーノシュによるハンガリー社会主義労働者党独裁の限界が明らかになった。過度な投資が対外債務の増加を生んで経済が失速する一方、高齢になったカーダールは保守化し、これ以上の経済の自由化には消極的になっていた。1987年、カーダールは対外債務の返済のために経済の自由化で生じた富裕層への増税を行おうとしたが、この法案は国会で否決されてしまった。社会主義体制になって初めて、政府の法案が議会によって覆されるという事態が生じたのである。これによって保守派とカーダールは信用を失い、1988年5月、カーダールは失脚した（永井・南塚 1990：224）。

カーダールの後を継いで穏健改革派のグロース・カーロイが書記長に就任し、同時に政治局にはニエルシュ・レジエが復帰し、ネーメト・ミクローシュ（1988年から首相）、ポジュガイ・イムレらの改革派も政治局入りした。グロースはあくまでも一党制を維持し、党内の民主化を進めることで改革を達成できると考えていた（三浦・山崎 1992：59）。

一方、ポジュガイらは複数政党制の導入など、急進的な改革を志向していた。そして1988年10月には「会社法」を制定し、国有企業の株式会社化を行った。そして1989年になるとポジュガイら改革派によって政治改革は加速していった。1月には集会・結社の自由化、政党結成の容認などが進められ、2月には党の指導性の放棄、党と政府の分離が決定され（永井・南塚 1990）、4月には民主集中制の放棄が決定された（永井・南塚 1990：226-227）。

このように、ハンガリーは社会主義諸国の中では最も"ヨーロッパ"的指向

をもつ穏健な国だった。

5　政治問題化した環境保護運動

　生物学者でジャーナリストだったヴァルガ・ヤーノシュが、「ナージマロシュ・ダム」や「ガプチコヴォ・ダム」の建設に強く反対したのは、明らかに環境保護を目的としての行動だった（川名 2008：154-156；佐藤 2012：57-60）。しかし、この反対運動よって自信を高めたのは、むしろ当時のハンガリー政府から排斥されていた反体制派の活動家たちだった。彼らはハンガリー政権内部の穏健改革派と連動して保守派政権打倒の政治活動へと行動をシフトさせたのである。それが、ハンガリーの民主化運動の勢いを強める結果になった。

　1988年5月、長く政権を担ってきたカーダール・ヤーノシュ書記長が失脚すると、「ドナウ・サークル」の活動目標に賛同する意思を示した改革派が政権を掌握することになり、結果としてダム建設工事を中止に追い込んだのである。改革派が保守派との対立軸を明確にするために「ドナウ・サークル」の活動に賛同を表明したことは、環境保護運動が政権の命運を左右する潮流になっていたことを示している。これは、まさに環境保護運動が政治的判断に大きな影響を与えた1つのドラマの一場面だった。

　「ドナウ・サークル」を中心とした環境保護運動のうねりをうまく引き寄せた改革派は、その後共産党の全国協議会で保守派から政権を奪取したことによって流れを確実なものとした。そして、1989年5月13日、政府としてダム建設工事の中止を決定し、同年7月20日には「ガプチコヴォ・ダム」のハンガリー側工事も中止となった。それをうけて、ハンガリー議会は10月31日に「ナージマロシュ・ダム」建設の事実上の中止を正式に決定した（長與 1997：187-188）。

　ハンガリー人民共和国では社会主義労働者党（共産党）政権による「グヤーシュ共産主義」という経済政策が以前から進められており、西ドイツやオーストリアなどの西側諸国から資本を積極的に導入し、「上から改革」の路線を採用していた。1982にはIMFへの加盟や経済の自由化、議会での複数候補制を

取り入れるなど、改革を着々と進めた。

1989年2月、改革派は議会の複数候補制だけでなく複数政党制を導入し、5月2日にはネーメト政権がハンガリーとオーストリアの国境（鉄条網）の一部を開放し（写真4）、冷戦下の悪名高き「鉄のカーテン」に小さな風

写真4　ハンガリーとオーストリア国境の鉄条網を切断するハンガリー国境警備員
出典：YouTube：*Pan-European Picnic 1989_ the end of the Iron-Curtain. Part 1*より

穴を開けた（三浦・山崎 1992：78-79）。そして6月には、ハンガリー動乱の責任を取らされて処刑されたナジ・イムレ元首相の名誉回復と改葬を行い、6月25日には社会主義労働者党は一党独裁を完全に放棄した。更に1989年10月、社会主義労働者党は「ハンガリー社会党」へと改名し、同年同月の23日、国名をハンガリー人民共和国から「ハンガリー共和国」へと変更した。

6　「ベルリンの壁」を崩壊させた「汎ヨーロッパ・ピクニック」

1989年5月2日、ハンガリー政府がオーストリアとの国境に小さな風穴を開けたという情報は、とりわけ東ドイツ政府に大きな衝撃をあたえた。翌3日に開かれた定期会議の席上、東ドイツのホーネッカー書記長は、「ハンガリーの連中は、いったい何をたくらんでいるのだ！」と怒鳴ったという（マイヤー 2010：129）。ホーネッカーにとっては、まさに「青天の霹靂」だった。

東欧の人たちにとって、当時ハンガリーのブダペストやその北にあるバラトン湖は憧れの避暑地だった。豊富な食品や雑貨が手に入り、大きな湖の湖畔でのキャンプは人気だった。そこへ1989年5月2日、突然、ハンガリー政府がオーストリアとの国境の鉄条網を撤去し始めたのである。すなわち、西側世界

写真5 「汎ヨーロッパ・ピクニック」の実施を案内するチラシ

出典：YouTube：*Pan-European Picnic 1989_ the end of the Iron-Curtain. Part 1*より

への扉を開いたのである。特に、西ドイツへ逃げたい東ドイツ国民にとっては「渡りに船」で、5月から6月上旬にかけて数百人が車を国境近くの森林に乗り捨て、オーストリアへ徒歩で入ろうとしたことからもその思いがわかる。しかし、運悪くハンガリーの国境警備隊に発見され、Uターンさせられた人もいた。それでも国境警備隊は礼儀正しく、対応はにこやかだった。彼らがいなくなると、あらためて国境越えをこころみて成功する人もいたという（マイヤー 2010：177）。

　この時期に1つの計画が進行していた。そのアイディアを出したのはハンガリーの活動家メサロシュ・フィレンツだった。半ば冗談だったが、ハンガリー人とオーストリア人が国境でピクニックを行い、フェンス越しに食べ物を交換し合いながら、冷戦の遺物である鉄条網の無意味さを世界に訴えようと言い出した。彼はこの考えを新たに生まれた「民主フォーラム」のフィレプ・マリアに話した。フィレプはソビエト圏諸国の学生を対象とする一種の「政治的な避難所」を運営しており、国境でのピクニックというアイディアに賛同し、協力を申し出た（マイヤー 2010：176）。

　メサロシュとフィレプの2人は、ピクニックの名称と場所、開催日時を決めた。名称は「汎ヨーロッパ・ピクニック」、場所はハンガリー領がオーストリアの中に食い込んだような地形の街・ショプロン。日時は1989年8月19日午後3時（写真5）。2人はオーストリア＝ハンガリー二重帝国の支配者の子孫、オットー・フォン・ハプスブルクと党政治局員のポジュガイ・イムレに、この計画のスポンサーになってくれるよう話した。ポジュガイは、この計画はハン

ガリーが国境を開放して共産圏から離脱しようとしていることを世界に知らしめる絶好のチャンスと判断し、すぐネーメトに話した。ネーメトも異存はなかった。2人はさらに、これを単なるピクニックではなく、それ以上のものにしたいと考えた（マイヤー 2010：175-178）。

　ただ、事は慎重に運ぶ必要があった。ホーネッカーからは、東ドイツ人が国境を不法に越えようとして逮捕されたら犯罪容疑者として送還するよう、繰り返しハンガリーに申し入れてきたからである（マイヤー 2010：180）。

　その年の7月、バカンス・シーズンが始まり、西側への脱出を図ろうとする大勢の東ドイツ国民がハンガリーの避暑地に押し寄せてきた。ホテルは満員となり、バラトン湖の周辺や他のキャンプ地には無数のテントが張られるようになった。メサロシュやフィレプは、政党に属する活動家や学生、環境保護団体、市民団体などに協力を呼びかけ、鉄条網の突破を描いたポスターをつくり、人びとが集まる場所に貼り出してピクニックへの参加を促した。そしてピクニックの案内状をハンガリー内外のマスコミにファックスで送った（マイヤー 2010：178）。ポジュガイは内相のホルバット・イシュトバンに協力を求めた。内相は警察と民兵組織を統括しており、ピクニックの成功には彼の助力がどうしても不可欠だった。ネーメト、ポジュガイ、ホルバットの3名はひそかに話し合い、ピクニック当日は国境警備隊がショプロンの現場に近づかないようにすることを決めた。この決定は国境警備隊の指揮官ジュラ・コチバを経由してショプロン地区の司令官に伝えられた（マイヤー 2010：178-179）。

　8月19日、ピクニック当日、午後2時ころにイベントが始まった。国境近くの草原には主催者の予想に反して、数千の人たちが集まってきた。オットー・フォン・ハプスブルクの姿はなかったが、彼のメッセージを娘が代読した。やがて人びとが国境のゲートの方へ走り出した。その数は300人ほどで、みな東ドイツ市民だった（写真6）。

　警備隊は命令通り、会場には近づかなかった。検問所にいたのは検問担当の役人だけで、彼らは国境に向かって突進する東ドイツの人たちにあえて背を向け、オーストリア人旅行者のパスポートを入念にチェックしていた（マイヤー 2010：182-183）。こうしてこの日、国境を越えた東ドイツ市民は600人を数え

写真6　汎ヨーロッパ・ピクニック（1989年8月19日）
国境のゲートを走って通過し、オーストリアに脱出する東ドイツ国民

出典：マイヤー（2010：173）より引用

た。その模様は西ドイツテレビのZDFやソ連東欧向けに放送しているラジオ・フリー・ヨーロッパが現場から中継した。

「汎ヨーロッパ・ピクニック」の出来事を西ドイツテレビで見たホーネッカーは、東ドイツ駐在のハンガリー大使を呼びつけて激しく抗議し、ハンガリーに留まっている東ドイツ市民を即刻強制送還するよう要求した。しかし、もう「後の祭り」だった。

11月9日夜、「ベルリンの壁崩壊」という衝撃的な映像が、世界中に広がった。まさに、ハンガリーで起きたダム建設反対運動が、東西を隔てていたベルリンの分厚い壁を崩壊させたのである。

〔参考文献〕
岩貞光祐・村上雅博（2000）「ドナウ川の河川環境管理」『土木学会第55回年次学術講演会要旨集』
岩田裕（2008）『チェコ共和国のエネルギー・環境政策と環境保全』文理閣
加藤雅彦（1991）『ドナウ河紀行――東欧・中欧の歴史と文化』岩波書店
川名英之（2008）『世界の環境問題――第3巻中・東欧』緑風出版
佐藤孝則（2010）「『ベルリンの壁』崩壊の頃の中東欧諸国の環境問題」天理大学EU研究会編『グローバル化時代のEU研究――環境保護・多文化共生の動向』ミネルヴァ書房
―――（2012）「社会主義体制が崩壊の頃の中東欧諸国の環境問題」天理大学おやさと研究所年報18号
仙石学（2006）「中東欧諸国の環境政策――『欧州化（Europeanization）』論の利用可能性」西南学院大学紀要（法学論集）39巻1号
永井清彦・南塚信吾（1990）『NHKスペシャル　社会主義の20世紀』日本放送放送

出版協会
長與進（1997）「ガブチーコヴォ・ダム——政治問題化したドナウ河の治水事業」浜田晴彦編『ドナウ河の社会学』早稲田大学出版部
箱木眞澄（2003）「EU の環境政策と中東欧諸国の EU 加盟」広島大学経済論叢27巻1号
マイヤー，マイケル（2010）『1989 世界を変えた年』早良哲夫訳、作品社
真下俊樹（1990）「ガブチコヴォ＝ナジマロシュ・ダム——市民運動が計画の根本的見直し迫る」［シリーズ東欧革命］編集委員会編『東欧革命　①チェコスロバキア　東欧のエコロジー』緑風出版
松岡信夫（1990）「東ヨーロッパの環境問題——データと背景」［シリーズ東欧革命］編集委員会編『東欧革命　①チェコスロバキア　東欧のエコロジー』緑風出版
三浦元博・山崎博康（1992）『東欧革命——権力の内側で何が起きたか』岩波新書

第 3 章 「記憶の場」としてのオラドゥール・シュル・グラーヌ
―― 独仏の和解と EU について考える

中祢　勝美

1　独仏の和解と「記憶の場」

　難民の受け入れ問題、IS によるテロ事件、域内移動の自由に対する批判など、EU が多くの難題を抱えるなか、2016年6月、イギリスで国民投票が実施され、僅差ながら EU 離脱支持派が残留派を上回った。EU はこれまでも幾多の危機に直面してきたが、そのたびに逆境こそ統合を深化させる好機ととらえ、知恵を出し合い、粘り強い交渉力を武器に難局を切り抜けてきた。とはいえ、イギリスが離脱に向けた手続きを始めようとしている2016年秋現在、EU が大きな正念場を迎えていることは間違いない。加盟国の減少という未経験の事態を念頭に置く EU が最も重視しているのは、残る27カ国の結束である。当然ながらヨーロッパの統合を牽引してきたドイツとフランスも、両国の強い結束力を他の加盟国に示すことが重要だと考えているだろう。

　周知のように、独仏両国は、1806年にナポレオンがプロイセンを撃破して以来、領土と資源をめぐって戦争を繰り返す「累代の宿敵」（Erbfeind）であったが、第二次世界大戦後は、「ヨーロッパの統合のためには、100年以上に及ぶフランスとドイツの対立を取り除くことが必要であり、何よりもこの両国に関する行動が取られなけばなりません」という「シューマン宣言」（1950年）を契機に、非戦共同体としての歩みを始めた。2012年に EU がノーベル平和賞を受賞したのも、歴史的に敵対してきた独仏両国の相互信頼関係を構築したことが高く評価されたからであった。両国には、そのような、敵対から相互信頼関係を構築した「場」――ピエール・ノラに倣って「記憶の場」（ある共同体の集合的

第3章 「記憶の場」としてのオラドゥール・シュル・グラーヌ

記憶が具象化された場）と呼ぼう——が少なくとも3つある。

まず、クローヴィス以来、歴代国王の聖別と戴冠が行われてきたランスの大聖堂は、外国の支配に対するフランス国民の矜持を象徴する場であったが、第一次世界大戦でドイツ軍に火を放たれ、破壊された。だが、1962年、ド・ゴールとアデナウアーはまさにその大聖堂でミサにそろって参列し、独仏の和解を誓った（写真1参照）。これが翌年の独仏友好条約（エリゼ条約）に結実した。

写真1 「独仏和解のミサ」（1962年）
50周年を記念して発行されたメダル
出典：筆者撮影

また、現在のドイツとフランスの原型を生み出す法的根拠となったヴェルダン条約（843年）が結ばれたヴェルダンは、マルヌやソンムと並ぶ第一次世界大戦の激戦地となった。だが、大戦勃発から70年後の1984年、ミッテランとコールは、両国の戦没兵士13万人分の遺骨を納めたそのヴェルダンの納骨堂の前で手をつなぎ、改めて独仏の和解を誓った。ヴェルダン開戦から100年となる2016年5月には、オランドとメルケルが合同追悼式典を行っている。

さらに、フランス絶対王政の力と栄光を象徴する場であるヴェルサイユ宮殿は、普仏戦争に勝利したプロイセンによってドイツ帝国皇帝ヴィルヘルム1世の即位式（1871年）に用いられたが、次の第一次大戦に勝ったフランスは、同じ宮殿で、ドイツにとって極めて屈辱的な内容の講和条約の調印式（1919年）を行い宿怨を晴らした。だが、2003年、フランスの国民議会とドイツの連邦議会は、まさにその宮殿でエリゼ条約40周年の記念式典を挙行し、独仏の結束を内外にアピールした。

これら3つの記憶の場には共通点がある。それは、ナショナリズムの暴力ゆえに負の要素にまみれてしまった集合的記憶が、「国民国家」を超えようとするトランスナショナルな意志をもつ行為者の「象徴的行為」（身振りや言葉）を経て、正の要素を帯びた集合的記憶へと変換されている、という点である。単

純に言えば、マイナスが「象徴的行為」という変換装置によって、たんにゼロの状態に戻されるのではなく、元の状態以上のプラスに換えられるという現象だ。

　本章では、これらに続く、独仏和解のもう1つの「記憶の場」として、オラドゥール・シュル・グラーヌ（Oradour-sur-Glane，以下「オラドゥール」とする）を取り上げ、2013年9月に実現したドイツのガウク大統領の歴史的訪問における象徴的行為や彼の演説内容について考察したい。和解の可能性や難しさについて考えるうえで、当該の記憶の場がどのような傷を受けたのかをきちんと把握することは極めて重要である。そこで、まずは事件と裁判について詳しくみていくことにしよう。

2　オラドゥール虐殺事件

1　事件の概要

　オラドゥールは、フランス中部、リムーザン地方の中心都市リモージュから北西へ20kmほど行った田園地帯の中にある（図表1参照）。緑の中を蛇行するグラーヌ川のほとりの小さな村だ。だが、その運命は、第二次世界大戦末期の1944年6月10日を境に一変した。この日、ナチスの武装親衛隊（Waffen-SS）の兵士約150人によって、村民642人が老若男女を問わず惨殺されたうえ、村そのものが完全に破壊されたからである。

　「ナチスの蛮行」といえば、多くの絶滅収容所や強制収容所において、ユダヤ人、ジプシー、同性愛者、障害者、政治犯など計600万もの人々を殺戮した「ホロコースト」ないし「ショアー」がよく知られている。有名なアウシュヴィッツが現在のポーランドにあるという事実が端的に表しているように、その主な舞台は東部ヨーロッパにあった。オラドゥール事件の犠牲者は、数字の上では東部の犠牲者数と全く比較にならないが、西ヨーロッパで起きた民間人虐殺事件としては、第二次大戦中で最も大規模なものとされる。フランスでは広く知られている事件である。

　筆者はNHKのドキュメンタリー番組：ETV特集『ナチスが襲った日──

第3章 「記憶の場」としてのオラドゥール・シュル・グラーヌ

図表1 オラドゥール事件関連地図

出典：筆者作成

フランス・オラドゥール村——』（1996年8月26日放映、以下『ナチスが襲った日』とする）を見て初めてこの事件を知ったが、そのとき受けた衝撃の凄まじさは今も生々しく残っている。本節ではまず、運よく悲劇を回避することができた証人——だが裏を返して言えば、彼ら／彼女らは阿鼻叫喚の巷を目撃しなければならなかった人でもあった——や、事件に巻き込まれながらも奇跡的に助かった被害者の証言を織り交ぜながら、事件の概略を紹介したい。

　夏の陽射しが照りつける土曜の午後2時頃、突如トラックの音が聞こえた。外に出てみると、ドイツ軍の装甲車が数台見えた。住民は何事だろう、と不思

41

議そうに見ていた。女性の中には、強制労働に駆り出す男を探しに来たのだと考え、すぐに夫や息子のもとへ走り、隠れるように伝えた者もいた。マルセル・バルビエさん（当時19歳）も母親に隠れるように言われ、とっさに家畜小屋に逃げ込んで死を免れた1人だ。だが、忠告してくれた母と父は戻って来なかった。

　親から「ドイツ人を見たら逃げなさい」と口癖のように言われ、この日それを実行して難を逃れた子どももいた。ロジェ・ゴフランさん（当時8歳）は、かつてはロレーヌ地方モーゼル県のシャルリ（Charly）という小村に住んでいたが、1940年夏に同地がドイツに併合されると、村を追放されて両親と共にオラドゥールに移ってきた。彼のようにロレーヌ地方からは約80人がオラドゥールに避難してきており、村にはそうした人々の子弟のための学校まであった。同校に通う28人の生徒のうち、犠牲にならなかったのはゴフランさん1人だった。一方、ジャックリーヌ・ピネッドさん（当時19歳）の一家はユダヤ人だった。南仏のバイヨンヌで経営していた工場をドイツ軍に接収され、事件の1年前に家族とともに越してきた父は、オラドゥールに移り住んでからも、夜中にナチスが現れても3人の子どもだけは助かるように、親とは別の場所に彼らを寝かせていた。この日も、ドイツ兵に気づいた父がすぐにジャックリーヌさんとその妹と弟を裏庭に逃がした。かつての居住地や出自は全く違うが、身体に沁み込んでいたドイツ人への警戒心がわが子の命を救った点では同じだ。

　さて、親衛隊は村を包囲・封鎖すると、全住民に対し、村の中央にある広場にすぐに集まるよう命じた。身分確認を行うのだという。集まった人々は、まさか自分たちが殺されるとは夢にも考えなかった。フランスはドイツの占領下にあったが、辺鄙な場所にあったオラドゥールは、占領軍の恐怖にさらされることもほとんどなく、レジスタンスとも縁のないのどかな村だった。「身分確認」という言葉に疑念を抱く人はほとんどいなかった。

　広場に集まった600名以上の住民は、男女別に分けられた。14歳以下の子どもは女性と同じグループに入れられた。1時間ほど経ってから、まず女性と子どもが教会へ、そのあと男性が6つのグループに分けられ、6カ所の納屋に別々に連れて行かれた。そして午後4時頃、1発の銃声を号令に、教会と納屋

で一斉射撃と焼き討ちが開始された。

　教会では452人が犠牲になった。このうち半数近い207人が子どもだった。最高齢は90歳、一番幼い犠牲者は生後8日目の嬰児だった。学校から直接先生と一緒に広場に来ていた生徒たちも含まれていた。

　その教会から生還した女性が1人だけいた。農婦のマルゲリット・ルーファンシュさん（当時47歳）である。彼女は大きなろうそくに火を灯す際に用いる踏み台に乗って、祭壇の後ろの3つの窓のうちの真ん中の窓に、渾身の力をふりしぼってよじ登り、割れていた窓から外に飛び降りた。その直後、ルーファンシュさんに続いて同じ窓から外に出ようとしている女性がいた。赤ん坊を抱いた若い母親だった。「助けて下さい。この子だけでも助けて下さい。お願い」そう言うが早いか、赤ん坊は外に投げられた。赤ん坊は無事だったが、激しい泣き声を上げたためドイツ兵に見つかってしまった。母親が窓から飛び降りた瞬間、赤ん坊に銃が乱射され、母親も撃たれて死んだ。

　教会で起きたことを語ることができる唯一の証人となったルーファンシュさんによれば、まず、2人のドイツ兵が教会内に入って来て、人々を押しのけながら祭壇の前にひものついた木箱を置いた。彼らが無言のまま外へ出て行ってまもなく、木箱が爆発。ひもは導火線だった。黒い煙がもうもうと上がり教会内に充満した。目がひりひりと沁み、刺すような刺激臭も感じた。ガスを吸って人々は恐怖と息苦しさのあまりパニックに陥る。そこへドイツ兵が機関銃で一斉射撃を始め、手りゅう弾も投げたのである。「恐ろしい悲鳴と銃声が交錯した。あどけない子供たちは声を立てる間もなく折り重なって倒れ、その子供たちをかばうように女たちもまた倒れ込んだ。あたりに血の匂いと硝煙が立ち込めた。」（内堀　1991：62）しばらくして銃撃が止んだ。あたりを見回すと、死体の山の中からかすかにうめき声が聞こえ、腕が動いているのも見えた。ところが、銃撃が止んだのは、ドイツ兵がわらや柴の束を取りに行っていたからだった。わらや柴は、まだ生きている者がいるにもかかわらず無造作に投げられ、すぐに火がつけられた。火と煙に包まれた教会は炉の内部のように高温になり、鐘も溶けて天井もろとも床に落ちた。

　男性を含めたオラドゥール事件の犠牲者の総数は642人だが、実はこの犠牲

者数の正確な数字が確定するまで事件から2年近くもの時を要した。身元確認ができた遺体は52体（犠牲者全体の8％）しかなかった。ここまで少なかった第1の理由は、焼け焦げ、骨と灰になった犠牲者が多かったため、第2の理由は、親衛隊が事件の翌日と翌々日にも現れ、大きな墓穴を3つ掘って、誰の遺体かわからないように遺体を埋めたためである。

美容師だったジャニーヌ・レノーさん（当時23歳）は、夫と一緒に家の裏庭の鶏小屋にじっと身を潜めて事件を免れた。ドイツ兵に発見されるのを怖れて、喉が詰まっても咳一つせず一晩中息を殺して過ごしていた。自身は助かったものの、実母、姉と妹、そして4歳の娘は教会に連れて行かれた。『ナチスが襲った日』の中でレノーさんは、「教会の扉まで来たら、そこには死体しかなかった。まだみんな熱かった。洋服の切れ端、押し潰された顔、黄色く焼けた肉、もうそれは想像を絶するものでした」と声を震わせながら語った。

一方、男性たちはどうなったか。6つの納屋に押し込められた190名以上の男性のうち、炎と銃弾をかい潜って生還できたのは僅かに5人。そのうちの1人ロベール・エブラスさん（当時19歳、彼も姉と妹、母親を失った）の証言によれば、号令を合図に一斉射撃が始まったとき、彼は60人ほどの男性たちと同じ納屋にいた。当時、仕事でリモージュに通っていたエブラスさんは、同地に駐留するドイツ兵を毎日目にしていたため、大勢のドイツ兵が村に現れたときもさほど心配はしていなかった。それだけに、彼らがいきなり機関銃で乱射してきたときのショックは言葉にできないほど大きかったという。

ドイツ兵は、死体のあいだを歩きながら、まだ生きている人間にとどめの一撃を加えていく。エブラスさんは死んだ人の下にいて、運よく発見されなかった。次にドイツ兵は、教会でそうであったように、死体にわらや柴の束を被せ、火をつけた。焼き殺されるよりは銃殺される方がましだ、そう考えたエブラスさんは、逃げる決心をする。手足に傷とやけどを負った彼は、操り人形のようにびっこを引きながら奥のドアに向かったが、そこが行き止まりの庭に面しているのに気づいて引き返し、友達を焼いている火の中を通って、今度は別の出口から出て家畜小屋に入ろうと考えた。小屋のドアを開けると暗闇に人影が見えた。自分が入り込めるだけの十分なスペースがない、と見たエブラスさ

んはその小屋に入るのを断念し、さらに別の方に歩いていった。するとフランス語が聞こえてきたので急いで駆け寄り、そこで4人の仲間と再会したのだという。浴びせかけられる銃弾、燃え落ちてくる天井、エブラスさんたちは必死で逃げ惑った。午後7時、5人はドイツ兵の隙を見てようやく脱出に成功。逃げ込んだ野原から、村全体が火に包まれているのが見えた。

　その時点で焼かれていなかった家が1軒だけあった。村の端にあるドゥピックさんの家で、そこにはワイン貯蔵庫があった。窓から明かりが見え、ドイツ兵の賑やかな声が聞こえてきたという。彼らは夜遅く村を去る前にこの家にも火を放った。翌朝、ワインやシャンペンの空き瓶が山になっていた。

　親衛隊員は全住民の命を奪うだけでは飽き足らず、殺害を一通り済ませると、主がいなくなった民家で略奪の限りを尽くし、その挙句、火をつけた。村人たちの遺体は井戸やパン屋の焼き窯の中からも発見された。これらの犠牲者は、広場に集合することを拒み、隠れていた人たちであろう。親衛隊は彼らを見つけて射殺した後、身元確認を不可能にするため、故意に遺体を井戸に投げ込んだり、焼き窯の中に入れてから家そのものに火を放ったのである。

2　事件の背景

　以上の概略から明らかなように、オラドゥール事件の特異性は何と言っても凄惨なその手口にある。どうしてここまで酸鼻を極めなければいけなかったのか。そして、なぜ他の村でなくオラドゥールが標的とされたのか。自ずと湧いてくるこれらの疑問に対する答えの手がかりを見出すには、事件の背景に目を向ける必要がある。

　重要なのは、連合軍によるノルマンディー上陸作戦（1944年6月6日）の数日後に事件が起きた点である。ヨーロッパ戦線の転機となったこの「史上最大の作戦」は、フランスに駐留するドイツ軍兵士の危機感と焦燥感を募らせたのとは対照的に、中央高地やリムーザン地方でレジスタンス運動を展開してきたパルチザンの士気を俄然高揚させた。

　共産党系のパルチザン（FTP＝義勇遊撃隊）がチュールに駐留していたドイツ国防軍の連隊を攻撃し、8日夕方、町の占領に成功したのも、待望のD-デイ

に意を強くしたからであった。ドイツ軍側は、死者、負傷者、行方不明者を合わせて122名もの兵士を失った。ところが、町を占領した喜びに浸る間もなく、パルチザンたちは、SS（親衛隊）の師団が迫っているとの知らせを聞くや、慌ててチュールから姿を消した。

　南部のモントーバンに司令部を置いていた第2SS装甲師団「ダス・ライヒ」（2. SS-Panzer-Division "Das Reich". 以下「ライヒ師団」とする）には、連合国上陸の翌日、西部方面軍総司令部から「ノルマンディーに合流せよ、ただし、その途上、チュールとリモージュ間一帯のレジスタンスを叩け」との命令が下っていた。ライヒ師団を率いるハインツ・ラマーディングSS中将は、師団を2つに分け、7日の夜のうちに先発隊をチュール方面に進発させた。主力となる師団の本隊のほうは、翌8日に北進を開始した。

　チュール到着後、被った損失の規模に衝撃を受けたライヒ師団は、果たせるかな、翌9日に徹底的な「報復」を実行した。任意に選んだ民間人男性99人の首を、住宅2階のバルコニーや街灯から吊るしたのである。作業を命じられたのはチュールの18歳未満の若者だった。他の住民もその場面を見届けるよう命じられた。その間、SSの兵士たちはカフェのテラスに腰かけ、飲み物を飲みながら歓談に耽ったという。収容所にも143人が送られ、そこで101人が死んだ。

　武装SSは、神出鬼没のパルチザンに手を焼いていた。もぐら叩きのように、たとえ1カ所を叩いても、すぐに別の複数の場所に現れる厄介な敵だった。連合国が上陸すれば、フランス国内のドイツ軍（国防軍および武装SSの部隊）がノルマンディーを目指して大移動を開始することは予測されたので、それを防ぐ、もしくは遅らせるため、パルチザンによる鉄橋、道路、橋の破壊や将校の拉致がD─デイ以前から活発になっていた。武装SSとパルチザンのあいだでの報復合戦は日を追ってエスカレートしつつあったのである。

　この「チュールの大虐殺」がオラドゥール事件のまさに前日に起きていた点に注目したい。自国の軍が受けた損失を、損失を与えたパルチザンではなく、非武装の民間人に、より残忍な形で返す行為はもちろん筋違いである。だが、SSがこれを「報復」行為として行ったということは、民間人に恐怖＝テロの

味を覚えさせることでレジスタンスの気勢を削ぐのが彼らの意図だったことを意味している。戦時国際法からのこうした逸脱が、オラドゥール事件の起きる前から始まっていた点は見逃せない。

　それでは、いったいなぜオラドゥール村が狙われたのだろうか。あれだけ冷酷非道な手口で多くの命を奪い、村を焼き払った事件である。相応の理由がないはずがない、そう考えるのが道理だ。ましてや生存者、辛くも難を免れた住民、犠牲者の遺族など事件の当事者ならばなおさらであろう。しかし、この肝心な点については、事件から70年以上経った現在も解明し尽くされているとは言えないのが実情である。中心的役割を果たした加害者がすでに死亡していること、証拠となる文書記録の類が残されなかったこと、そして戦後の裁判が不十分だったことがその主な理由である。とはいえ、ある程度までのことはわかっており、細かい部分でさまざまな見解がある。

　オラドゥール虐殺事件を直接指揮したのは、ライヒ師団の中のSS装甲擲弾兵第4連隊「デア・フューラー」に属する第1大隊を率いていたアドルフ・ディークマンSS少佐であった。チュールの大虐殺から一夜明けた10日の朝、ラマーディング師団長に呼び出された彼は、緊急会合に出席した。そこにはリモージュのゲシュタポ（秘密警察）の幹部や地元の情勢に詳しい親独義勇隊員も来ていた。ディークマンはその席で、第3大隊を率いるハインツ・ケンプフェSS少佐——彼はディークマンの親友だった——が前日の晩にパルチザンに捕まったことを知った。

　見解が異なるのはここからで、一説によれば、ゲシュタポと親独義勇隊員から、オラドゥール村がパルチザンの武器と弾薬の隠し場所になっているとの情報提供があり、ディークマンは、ケンプフェ救出のための交換要員としてオラドゥール村から30人の人質を連れてくるよう命じられたという。実際にはオラドゥールに武器や弾薬は隠されていなかったのだから、この説に従うと、誤った情報に基づいてオラドゥールが選ばれたことになる。

　だがこれと全く異なる説もある。それによれば、ゲシュタポや親独義勇隊員は、オラドゥールがレジスタンスとは何の関わりもないことを十分把握していたという。限られた時間内で住民の虐殺を完了するには、パルチザンが潜んで

いては却って都合が悪い。だからこそ、その可能性がないオラドゥールが選ばれたのだ、とする仮説である。

　最初の説に関連する問題として、確かにディークマンは、オラドゥール村で住民を広場に集めた後、次のように言っていた。証言しているのは、生存者の1人ジャン＝マルセル・ダルトゥーさんである（Farmer 1994：34-39）。「SSはこの村に武器と弾薬の隠し場所があるとの噂を聞いた。武器を所有している者は全員一歩前へ進み出るように。」だが、住民から反応がないのを見たディークマンは、次に、村長に30人の人質を選ぶよう要求した。村長が、「そんな要求には応じられません。もしどうしてもと言うなら自分と自分の親族が人質になります」と申し出たところ、ディークマンは高笑いして、「それは随分気前のいい申し出じゃないか」と皮肉たっぷりに言った後、「もう人質はいい」と要求を引っ込めた。

　このやりとりを見ると、ディークマンは、当初は人質を取るつもりだったが、途中で気が変わり、村民の殺害に方針を切り換えたかのような印象を受けるかもしれない。だが、それは違う。この日、オラドゥールに向けて出発する際、ディークマンに呼び出された第3中隊長オットー・カーンSS大尉は、「村を焼き払い、破壊し尽くすことは上からの命令だ、とディークマンは私に打ち明けた」と、戦後行われたドルトムントでの捜査手続きの中で供述している。そのカーンの部下にあたる第1小隊長のハインツ・バルトSS中尉も、同じように、女性も子どもも含めて村人全員を殺害することが上官の命令だった、と戦後の法廷で証言している。また、SSの若い兵もこのバルトから「きょうは血なまぐさい一日になる」と聞かされていた。以上の証言から、ディークマンは、オラドゥールに向けて出発する時点には、虐殺と破壊を決め、周到に準備をしていたと考えられるのである。

　結局、ディークマン自身が事件後3週間と経たずノルマンディーで戦死してしまったため、本人の口から真相が語られる可能性は永遠に消えてしまった。

第3章 「記憶の場」としてのオラドゥール・シュル・グラーヌ

3　戦後の新たな苦難――フランス国内の亀裂

1　集合的記憶化

　1944年8月、D-デイから僅か2カ月余りでパリが解放され、連合国の勝利が確実になった後も、オラドゥールに歓喜はなかった。納屋から生還したエブラスさんは「虐殺の直後は復讐しか頭にありませんでした」、家畜小屋に潜んで虐殺を免れたレノーさんは「初めのうちはドイツ人は皆死ねばいいと思いました」と、2人ともドイツ人に激しい憎悪を抱いていた事件直後の心境を『ナチスが襲った村』の中で語っている。そうでなくともフランス国内では、それまで抑圧されていた人々の恐怖と憎悪がむき出しになり、対独協力者に制裁を加えるケースが後を絶たなかった時代である。狙われた理由すらはっきりせず、肉親を惨たらしく奪われた被害者として当然の感情といえよう。

　遺体の身元確認作業が遅々として進まないのとは対照的に、オラドゥールの集合的記憶化は、事件後早い時期から始まった。1944年9月に村を訪れたカメラマンが撮った写真には、現在も廃墟の村に掛かっている "SOUVIENS-TOI"（「忘れるな」）と書かれたプレートがすでに写っていた。同じ月にはニュース映画が制作されて事件が広く知られるようになり、11月末に村は国の歴史的遺跡に指定された。

　小さな村で起きた事件が「国民に共有される記憶」へと変質していく大きな転機となったのは、1945年3月の臨時政府主席ド・ゴールの訪問である。この訪問でド・ゴールはオラドゥールを「フランス国民にとってナチスの野蛮さを象徴するものだ」と言い切り、訪問を記録したニュース映画のナレーターも「フランスは決してオラドゥールを忘れない。過ちは正されるだろう」と雄雄しい声で語った。かくして村は、「この記憶は永遠に保たれなければならない」というド・ゴールの強い意向を受けて、事件当時の姿で保存されることになり、1947年6月、事件3周年の日、オリオール大統領が廃墟の西北に新しいオラドゥール村を建設するための礎石を置いた。政府は犠牲者遺族会に、新たな村の家の屋根や壁、シャッターを灰色にするよう強制したという。

ところで、事件の犠牲者の中にロレーヌ地方から避難してきた人々が含まれていたこと、そして1人だけ難を免れた少年がいたことはすでに述べたが、彼らの約半数がかつて住んでいたモーゼル県シャルリ村の村議会は、1950年、悲劇を忘れず、犠牲者を追悼するため、シャルリの後にオラドゥールの名を付け足すことを決議し、村はシャルリ・オラドゥール（Charly-Oradour）と名を変えた（図表1参照）。併せて村の紋章にも事件を象徴する炎が加えられた。ドイツ人に強制退去を命じられて避難した村で、結局ドイツ兵に惨殺されてしまった元村民の無念さを共有したいという強い思いが伝わってくる決定である。ただそれは、ドイツ人に対する復讐心を秘めた連帯とは少し違う。この年、村は各地から寄せられた浄財で記念碑を建立したが、その除幕式の議長を務めたのは、モーゼル県にゆかりの深いロベール・シューマン外相だったからである。1950年といえば、EUの出発点とされるあのシューマン宣言が発表された年である。この式典でもシューマンは、村の改名や記念碑の建立が、独仏の和解とヨーロッパの建設につながることを祈念するメッセージを発したに違いない。シャルリ村の人々にとってオラドゥールはド・ゴールとは異なり、必ずしもナチスの野蛮さの象徴ではないのである。村では毎年6月10日に追悼式を行う。村の目抜き通りも「6月10日通り」となっている。

2　ボルドー裁判（1953年）

　戦後、オラドゥール事件に関する裁判は2回行われた。まず1953年にボルドーで行われた最初の裁判から見ていこう。なんとも奇妙な裁判だった。

　出廷した元武装SS隊員は21人。起訴された65人の3分の1にも満たなかった。だが、世間を驚かせたのは出廷者の数ではなく、その顔ぶれであった。第1に、虐殺事件に深く関与した将校が1人も含まれていなかった。事件の最高責任者であるラマーディングは西ドイツにいたが、当時のアデナウアー政権は、西ドイツ国籍保有者の外国への引き渡しを禁じた基本法第16条第2項を盾に取ってラマーディング師団長を出国させなかった。現場で虐殺の指揮をとったディークマン大隊長は上述のとおりすでに戦死していたし、ディークマン直属の部下のカーン第3中隊長と、さらにその部下のバルト小隊長は行方をくら

ませていた。出廷したのは、一番上の階級でも軍曹という「下っ端」ばかりであった。

　さらに物議を醸したのは、21名の被告のうちアルザス出身者が14名を占めていた点である。しかもそのうち志願兵は1人のみで、残り13名は強制的に武装SSに召集されたいわゆる「マルグレ・ヌ」（「自らの意志に反して」の意）の人たちだった。

　モーゼル県とアルザスでは、1940年にナチス・ドイツに併合されて以来、徹底したゲルマン化政策が強行された。フランス語は禁止され、通りの名はドイツ名に戻され、姓名もドイツ語風に改められた。その後、東部戦線で苦戦が続き、兵力が不足してきた1942年8月、ナチス・ドイツはアルザスでも強制召集を開始した。最終的にアルザス人およびモーゼル人男性約13万人が前線へと送られた。彼らのほとんどは、山や森に隠れる、スイスや「自由区」のフランスへ逃亡する、医師に偽造診断書を書いてもらうなど、なんとか召集から逃れようとしたが、徴兵忌避者の家族は収容所に送られる決まりになっていたため、家族のためにやむを得ず召集に応じた人たちであった。

　一方、ライヒ師団は、ユーゴスラビア進攻やソビエト進攻で華々しい戦果を収めた武装SS屈指のエリート部隊であったが、1944年3月、東部戦線で凄まじい包囲攻撃を受けて1万5000の兵員の半数を失い、体力回復のためフランス南部に移動を命じられていた。だが、ライヒ師団が補給した新兵力の多くは占領下の外国人か、1944年1月に強制召集された1926年生まれの、すなわち18歳のアルザス出身の青年だった。つまり、出廷した元武装SSの中にアルザス出身者が多かったのは「たまたま」などではなかったのである。

　裁判の結果、2人が死刑、残りの19人は5～12年の禁固刑となった。アルザス出身の14名については、志願兵の軍曹1名が死刑、残り13名は5～7年の禁固刑であった。ちなみに師団長のラマーディングは、ドイツにとどまったまま死刑を宣告された。結局一度もフランスの法廷に立つことはなく、1971年に死亡するまで建設会社を経営していた。

　アルザスの人たちは、判決が出る前から裁判そのものに激しい憤怒を抱いていた。彼らから見れば、アルザスの強制召集兵こそ1940年の犠牲者であった。

フランス人として育てられながら、この年、アルザスがドイツに併合されたために厳しい同化政策を強いられ、その挙句、戦局が悪化すると「心ならずも」武装SSに入隊させられた。アルザスの市町村長たちは「沈黙のデモ」やストライキを決行して、裁判に対する怒りと抗議を表明した。そして判決が出ると、全市町村の庁舎には黒い喪のヴェールが掛けられ、すべての掲示板に「われわれは判決を受け入れない」というメッセージが貼り出された。

他方、この裁判にはオラドゥール側も激しく反発した。虐殺を計画または指揮したドイツ人将校が１人も出廷しなかったうえ、判決結果も、苦しい思いを引きずりながら証言に立った生存者や傍聴した犠牲者遺族にとっては信じられないほど軽いものであった。

オラドゥール事件は「国民に共有される記憶」になったはずなのに、皮肉にもそれをめぐる裁判のために「国民を分断させる火元」であることを露呈してしまった。事態を憂慮したフランス国民議会は、激しい議論の末、判決の１週間後に特別法案を可決した。13人の「マルグレ・ヌ」は恩赦を与えられて釈放され、志願兵も死刑から無期懲役に減刑され、その後釈放された。国民議会としてはあくまでも国民の結束を願っての司法介入だったが、結果は完全な裏目に出た。あれだけの犯罪をフランスの議会はなかった（恩赦を意味する「アムネスティ」は「忘れる」という意味である）ことにしようとするのか、「フランスは決してオラドゥールを忘れない」というニュース映画のナレーションは何だったのか。オラドゥール村は、国家とのすべての関係を断絶すると宣言した。軍功章とレジヨン・ドヌール勲章を突き返し、国家が墓地に建てた納骨堂に犠牲者を葬ることも拒否した。オラドゥール村とフランス政府の断交状態は、1974年まで20年以上続いた。

一方、恩赦によってオラドゥールとアルザスの関係も当然悪化した。もはやオラドゥール事件はドイツ対フランスの問題である以上に、フランス国内の地域間の相互不信を象徴する問題になった。両地域の和解には数十年という長い時間がかかった。1999年には和解のしるしとしてストラスブール市からオラドゥール村に彫像が贈られたが、何者かによって破壊されたという。また、2008年には、生存者の１人エブラスさんが出版した手記の中に13人が強制徴用

であることを疑うような表現があるとして、アルザスの住民らが訴訟を起こした。このように、相互不信に基づく事件は最近まで散発的に起きているが、全体的な傾向としては、世紀をまたいだ頃から両地域の関係は良好になってきたといえよう。事件から60周年にあたる2004年の追悼記念式典にはストラスブールの市長もオラドゥールに招かれている。

3　東ベルリン裁判（1983年）

2度目の裁判は、1983年、東ベルリンで行われた。最初の裁判からすでに30年が経過していた。被告は1人だけだったが、事件の中心にいたディークマンから直接命令を聞き、それを部下に伝え、実行する立場にあった人物を裁く初めての裁判になったため、フランスはもちろん、国際的にも大いに注目された。その被告とは、「事件の背景」の節で取り上げた、第1大隊に属する小隊長、ハインツ・バルト元SS中尉である。

ナチズムとの対決を国是の1つに掲げていた東ドイツでは、国家保安省（シュタージ）がナチ時代の犯罪捜査を受け持っていた。体制に異を唱える「反逆者」を、あらゆる手段を用いて監視・密告・逮捕していたことで知られるこの組織は、1970年代半ばにバルトの消息をつかみ、1981年に逮捕していた。戦後、バルトは、ベルリンから北へ50kmほど離れたグランゼーという生まれ故郷の町に戻ってひっそり暮らしていた。

まだ冷戦のさなかであったが、オラドゥールからもエブラスさんら事件の生存者5人が証人として呼ばれた。裁判では、事件で彼が果たした具体的な役割が明らかになった。6つのうちの1つの納屋に閉じ込めた20人の男性の射殺を、小隊の部下45人に命じたという内容だった。バルトは、オラドゥールに武器、弾薬、パルチザンなどは見つからなかったこと、そして、村を破壊し、女性と子どもを含む住民全員を殺害することがディークマンの命令だったことも認めた。ただその一方で、バルトは「あれは戦争だった。仕方なかった」と述べ、あくまでも上官の命に従った点を強調し、後悔の念を示さなかった。

判決は終身刑だった。しかし、結局彼も、なぜオラドゥールが狙われたのか、なぜあれだけ無慈悲な殺戮だったのかについては何も語らず、オラドゥー

ルの人々は再び深い絶望感を味わうことになった。バルトは14年間服役した後、1997年、健康状態の悪化を理由に釈放され、2007年に癌で死去した。

　なお、「事件の背景」の節で、SSの若い兵が「きょうは血なまぐさい一日になる」というバルトの言葉を聞いた、と述べたが、これは2010年、バルトの死後にシュタージの捜査記録の中から発見されたものである。シュタージは、東ドイツに暮らしていたバルトの2人の部下から事情聴取しており、その1人がこのように証言していたものである。

4　ガウク大統領の歴史的訪問

1　レーモン・フリュジエ村長の信念

　「独仏の歴史的な和解を象徴する場面を2つ挙げなさい。」試験でそんな設問が出たら、ドイツ人とフランス人の多くが、ド・ゴールとアデナウアーが和解を誓ったランス大聖堂でのミサ（1962年）と、ミッテランとコールが手をつないだヴェルダンでの第一次世界大戦の戦没兵合同追悼式典（1984年）を挙げるだろう。

　しかし、オラドゥール村の人たちならどう答えるだろうか。ここでは時間はもっとゆっくり進む。ランスで和解のミサが行われたとき、村はそもそも国家と断交状態にあった。ヴェルダンの追悼式典で両国の国歌が演奏されたとき、事件の真相が明らかになるのではという村の期待は、再度打ち砕かれていた。独仏首脳が見せた和解のパフォーマンスは、両国民の集合的記憶として定着していくが、オラドゥール村にとって決して素直に喜べるものではなかった。戦後、村はドイツとの接触を避けてきたため、国レベルで独仏の和解が進んでも、ドイツの大統領や首相がオラドゥールを訪れることはなかった。

　そうした経緯を踏まえると、2013年9月4日のガウク大統領のオラドゥール訪問は、村にとって、独仏両国にとって、そしてEUにとってもまさに歴史的訪問であった。

　この訪問は、1995年から19年間村長を務めたレーモン・フリュジエ氏の地道な取り組みを抜きにしては到底不可能だった。少し長いが、重要だと思われる

第 3 章　「記憶の場」としてのオラドゥール・シュル・グラーヌ

ので氏の活動を紹介しよう。

　事件当時は 4 歳。村の外れに住んでいたため難を逃れた。戦後、犠牲者遺族のドイツへの根深い敵意を間近で感じる一方、隣人との和解が全く進まないまま時代が流れていく現状に「過去をそのままにして死者が報われるのか」との疑問も抱いた。
　71年に村会議員に選出。歴代村長はドイツとの接触を避けてきた。遺族感情を刺激すれば政治生命にかかわるからだ。だが、95年の村長就任後、00年 5 月に戦後初めてドイツ代表団を村へ受け入れた。出迎えた村会議員は一人もいなかった。それでも「誰かが行動を起こさないと何も変わらない」との信念は変わらなかった。
　03年に独南部ミュンヘンを訪れ、09年にはナチスの強制収容所があった独南部ダッハウの市長に自ら連絡し、相互訪問を始めた。交流では「ドイツ側が持つ過去への罪悪感を肌で感じた。ドイツが罪を認めれば、住民は必ず許す」と確信した。（毎日新聞 2014年12月29日）

　信念をもってドイツとの交流を少しずつ広げてきたフリュジエ村長は、生存者や犠牲者遺族会の理解と信頼を築いて、エリゼ条約50周年が始まっていた2013年 2 月、パリのドイツ大使館を訪れ、ドイツ首脳の来訪を打診した。独仏友好の記念すべき年のあいだにガウク大統領のオラドゥール訪問が実現したのは、フリュジエ村長に並々ならぬ和解への思いがあったからであった。

2　ガウク大統領のスピーチ

　そのヨアヒム・ガウク大統領は、1940年、ロストック生まれ。戦後、東ドイツに組み込まれた町だ。11歳のとき父親が突然ソ連の秘密警察に連行され、4 年後に抑留されていたシベリアから戻ってくるまで、生死すら不明だった。それ以来、ガウクは一貫して権力による抑圧や不正に抗い続けてきた。プロテスタント教会の牧師を長く務める傍ら、ベルリンの壁が崩壊する1989年には反体制市民運動に参加し、短期間ながら政治家としても活動した。だが、彼のキャリアで一番有名なのは、東ドイツの国家保安省（シュタージ）が保持していた厖大な量の文書を監理する機関の長官を、ドイツ政府から委託されて統一直後から10年間務めたことだ。機関の正式名称はドイツ人でも閉口するほど長ったらしいため、誰もが「ガウク機関」と呼んだ。それで彼の名も有名になった。
　シュタージは、体制に批判的な人物を探し出すため、市民を恫喝して監視網

を張り巡らせ、職場の同僚や隣人、さらには友人や家族までその私生活を密告させていた。体制崩壊の危機が迫ったとき、シュタージは自分たちに都合の悪い秘密情報が記載された文書を破棄しようとした。ガウク機関が監理を委ねられていたのは、そうした、歴史から姿を消した国家の過去の恥部だったのである。

　2013年9月4日。この日、フランスのテレビ局は歴史的訪問の一部始終を生放送で伝えた。それだけ注目されていたということだ。オラドゥール村に到着した両大統領は、まず生存者エブラスさんの案内で廃墟の村——正式には「受難の村」village martyr という——をじっくり歩いて回った。2人とも盛んにエブラスさんに質問し、エブラスさんの方も熱心にそれに答えている様子が印象的だった。3人の近くには、肩から三色のたすきをかけたフリュジエ村長と犠牲者遺族会代表のクロード・ミロー氏がいて、ときおり話の輪に加わっていた。452人の女性と子どもが惨殺された教会では、両脇から挟むようにエブラスさんの手を握るオランド仏大統領とガウク独大統領の姿があった（写真2参照）。

　墓地で花輪を捧げ、他の犠牲者遺族会の人々と言葉を交わした後、オランド大統領に続いてガウク大統領が演説を行った。その演説で筆者が注目した点を3つ挙げたい。

　第1は、オラドゥールの虐殺が「ドイツの命令のもとで」なされた点を強調していたことだ。命令の発信者がたとえライヒ師団のトップであったにせよ、現在のドイツ連邦共和国もナチスが犯した罪と無関係ではない、という

写真2　典型的な「象徴的行為」の場面
祭壇の後ろに3つ窓が見えるが、ただ1人自力で脱出したルーファンシュさんがよじ登ったのは真ん中の、やや広めの窓だった。

出典：AFP

姿勢をはっきり見せたのである。国家や体制は変わっても、ドイツ人としての連続性があることは否定しようがない以上、ナチ時代のドイツ人が犯した犯罪の道義的責任はいまのドイツ人にもある、との認識を伝えようとしたのである。歴史から姿を消した国家の恥部に向き合うことは、ガウクが自らに課してきた作業であった。

　演説の中でガウクは、オラドゥールと同様にナチスの暴力によって多数の民間人が虐殺された4つの地名を挙げたが、このうちハイドリヒ暗殺に対する苛烈な報復が実行されたリディツェ（チェコ）と、武装SSによって400人以上の村民が惨殺されたサンタナ・ディスタツェマ（イタリア）には、いずれもオラドゥールより前に訪れ、犠牲者を追悼している。どちらも、ドイツの大統領としては戦後初めての訪問だった。

　第2は、オラドゥール事件の生存者や、犠牲者遺族会の人々、フリュジエ村長に対する心からの謝意を前面に出していた点である。自分がドイツ人としてどれだけナチスの犯罪の道義的責任を感じていたとしても、国家との関係を20年以上断ち切っていたほどのオラドゥールを訪問することが容易でないことはガウクもよくわかっていた。だからこそ彼は、「皆様がドイツの大統領を招待して下さったということは、歓迎の、善意の、そして和解の意思を表す行為であり、それは懇願して得られるものではなく、ただ贈られるものであることを承知しています」と素直にこの贈り物に感謝した。和解の申し出は、被害者の側から出たものでないと本物とは言えないのではないだろうか。

　後日、報道機関からガウク大統領の訪問時期について尋ねられたエブラスさんは、「ちょうどよい時で、いまより前だったら早過ぎたでしょう。大統領を受け入れるには時間が必要でした。犠牲者の子孫は長い間ドイツ人に対して恨みを抱いていましたから」と答えた。ランスの和解から51年、ヴェルダンの和解から29年。それでも「いまより前だったら早過ぎた」という犠牲者遺族の時間感覚は、本当にゆっくりなのだと思い知らされる。

　そして第3は、オラドゥールの人々の苦悩に共感を寄せつつも、戦後生まれのドイツ人が、ナチスとは違う国を作ってきた点を強調していたことである。オラドゥールの人々が長いあいだ苦しんできたのは、正義が必ずしも報われ

ず、過ちが必ずしも正されなかったからだった。ガウクはまずその苦悩に寄り添い、「殺人者が不問に付され、重大な犯罪が償われずにいることに対する皆様の苦々しい思いを私も共有しております。その思いは私の思いでもあります。この思いを携えてドイツに帰国し、自国でこれを語り、沈黙することはありません」と述べた。

　しかしその一方で、ようやく和解の意思を表し、初めてドイツの元首を受け入れてくれた人々に対して、戦後のドイツがナチスとは違う国を作ろうとしてきたこと、他の国と協調しながら平和で民主的なヨーロッパを作ろうとしてきたことをぜひ知ってもらいたい、という強い思いがガウクにはあった。「この国は他の国の上に立ちたいとも、下に立ちたいとも思っていません。ヨーロッパを建設したいと思っていますが、ヨーロッパを支配しようとは考えていません」という言葉のなかに大統領の思いは凝縮されていたといえよう。

　ガウクがここで述べている「ヨーロッパを建設する」という表現は日本人にはあまりピンとこないかもしれないが、「狭隘なナショナリズムを引っ込める」というぐらいに考えてみたらどうだろう。

　「心ならずも」ドイツ軍に強制召集されたアルザスの若い兵士と、「心ならずも」ドイツ人に追われてロレーヌから避難してきた人たちが、何の因果か平和なオラドゥールで鉢合わせた。どちらもフランス人として育ったのに、狭隘なナショナリズムのせいで、「ドイツ人」にさせられた前者がフランス人の後者を虐殺してしまう悲劇が起きた。642人の犠牲者の中にはそんな人たちが確実に含まれていた。

　それゆえ、この日、オラドゥール事件の当事者であるアルザスからストラスブール市長が駆け付けたのは、まだ十全ではないオラドゥールとの和解をより確かなものにしたいという意思、狭隘なナショナリズムを引っ込めてヨーロッパを建設していきたいという意思の表れだっただろう。その意味でガウク大統領の訪問は、独仏両国だけでなく、オラドゥールとアルザスにとって、そしてヨーロッパにとって意義深いものだったといえよう。

　この歴史的訪問を契機に、事件からちょうど70年を迎えた2014年の夏、第1回独仏ワークショップが開催された。ドイツ人とフランス人の計11人が、2週

間にわたって寝食を共にしながら、「受難の村」の整備作業や、生存者の証言の電子入力作業にあたったほか、事件について地元の人から話を聞いたり、参加者同士で討論するなど、有意義なプログラムで交流を深めている。

〔参考文献〕
宇京頼三（2014）『仏独関係千年紀——ヨーロッパ建設への道』法政大学出版局
内田日出海（2009）『物語ストラスブールの歴史——国家の辺境、ヨーロッパの中核』中公新書
内堀稔子（1991）『失われた土曜日——1944年6月10日　虐殺の村オラドゥール』透土社
ガイス、ペーター／ギョーム・ル・カントレック（2008）『ドイツ・フランス共通歴史教科書【現代史】——1945年以降のヨーロッパと世界』福井憲彦・近藤孝弘監訳、明石書店
———（2016）『ドイツ・フランス共通歴史教科書【近現代史】——ウィーン会議から1945年までのヨーロッパと世界』福井憲彦・近藤孝弘監訳、明石書店
芝健介（1995）『武装SS——ナチスもう一つの暴力装置』講談社
関沢まゆみ（2008）「『戦争と死』の記憶と語り——その個人化と社会化」国立歴史民俗博物館研究報告147巻
高橋哲哉（2012）『記憶のエチカ——戦争・哲学・アウシュヴィッツ』岩波書店
中本真生子（2008）『アルザスと国民国家』晃洋書房
ノラ、ピエール（2002）『記憶の場——フランス国民意識の文化＝社会史　第1巻　対立』谷川稔監訳、岩波書店
バタイユ、ジョルジュ（2005）『ランスの大聖堂』酒井健訳、ちくま学芸文庫
マックネス、ロビン（1998）『オラドゥール　大虐殺の謎』宮下嶺夫訳、小学館文庫
渡辺和行（1994）『ナチ占領下のフランス　沈黙・抵抗・協力』講談社
———（1998）『ホロコーストのフランス　歴史と記憶』人文書院
Farmer, Sarah（1994）*Oradour: arrêt sur mémoire*, Paris: Calmann-Lévy.

第4章　EUの政治・経済統合と機構
　　　——グローバル立憲主義化という視点から

浅川　千尋

1　EUと立憲主義化

　2016年6月23日の英国でのEU（欧州連合）離脱をめぐる国民投票の結果は、世界に激震を走らせた。まさかの離脱が英国国民によって決定された。もちろん、現在は英国とEUとの離脱交渉が今後始まることになるという段階である。とはいえ、英国のEU離脱決定は、英国やEU加盟国も含めて世界の国々にどのような影響を及ぼすのかきわめて不透明な状況である。EUは、難民・テロ問題に加えて新たな大きな課題に直面している。このEUへの新たな挑戦をどう乗り越えて行くのか、EUの真価が試されている。

　本章は、EUの政治・経済統合を立憲主義化という視点から紹介・検討していくことを課題とする。また、EUの機構はどのようなものなのかを概観する。
「EU憲法条約」というEUの「正式な憲法」を制定しようとする構想は、主権国家・国民国家の枠組を超えた1つの「共和国（連邦）」または「連合」を創設することを目指すEUの壮大な実験の重要な柱であった。それは、また、EUレベルでの「立憲主義化」を目指す壮大な実験でもあった。近年、EUというものを「共和国（連邦）」でも「連合」でもない新たな「政体」として把握する見解も有力となっている。

　「欧州統合」、「欧州化」というキーワードのもとで、EUは確実に拡大し政治・経済統合を成し遂げてきていることは事実である。頓挫したEU憲法条約では、「多様性の中の統合」というモットーが挙げられているが、その一方で「グローバル化」という波がEUにも押し寄せている。

本章では、このような政治的経済的かつ文化的側面に深く関わるグローバル化も視野に置いて、政治・経済統合のプロセス・意義を検討していく。このことは、EUレベルでの「立憲主義化」をどう評価するのか、そして「立憲主義のグローバル化」あるいは「トランス国家的な立憲主義＝グローバルな立憲主義」をどう評価するのかに関わる。それをふまえて、EUの機構を概観していく。また、「EU市民」による民主的な統治をいかにして実現していくのか、EUレベルでの「立憲主義化」は可能なのかというEUの政治・経済統合の意義あるいは挑戦に触れていく。

2　EUの政治・経済統合とEU条約

1　マーストリヒト条約

　欧州では、1989年11月ベルリンの壁崩壊、1990年10月ドイツ統一、東欧の社会主義諸国の民主化、ソビエト連邦の崩壊といった政治レベルでの大変革が生じた。このいわゆる「東西冷戦終結」のプロセスのなかで、特にドイツ統一や東欧での民主化に対応するために1992年マーストリヒト条約が、調印された。この条約は、発効するまでに紆余曲折を経た。特にデンマークの国民投票では、一度は否決されたが、再度国民投票が行われ批准された。また、この条約が憲法に適合するのかどうかが争われていたドイツで連邦憲法裁判所が合憲判決を下したことをうけて、ようやく1993年11月に条約は発効した。資本主義と社会主義という社会体制の相違あるいはイデオロギーの対立を乗り越えるプロセスのなかで、この条約は調印され発効したのである。この時期のEU加盟国は、ベルギー、ドイツ、フランス、イタリア、ルクセンブルク、オランダ、デンマーク、アイルランド、英国、ギリシャ、スペイン、ポルトガルの12カ国であった。

　マーストリヒト条約は、3つの柱から成っている。第1の柱は、これまでの経済統合を推し進める経済通貨同盟の実現である。第2の柱は、共通外交安全保障政策である。そして、第3の柱は、司法内務協力である。

　EUは、1993年にコペンハーゲン欧州理事会で加盟条件を提示した。「コペ

図表1　EU拡大の歴史

年	加盟国
1952	ベルギー、ドイツ（旧西ドイツ）、フランス、イタリア、ルクセンブルク、オランダ（ECSC原加盟国）
1973	デンマーク、アイルランド、英国（第1次拡大）
1981	ギリシャ（第2次拡大）
1986	スペイン、ポルトガル（第3次拡大）
1990	東西ドイツの再統一により、旧東ドイツが編入
1995	オーストリア、フィンランド、スウェーデン（第4次拡大）
2004	チェコ、エストニア、キプロス、ラトビア、リトアニア、ハンガリー、マルタ、ポーランド、スロヴェニア、スロヴァキア（第5次拡大）
2007	ブルガリア、ルーマニア（第5次拡大の完了）
2013	クロアチア

出典：駐日EU代表部公式ウェブサイト（http://eumag.jp/question/f0312）

ンハーゲン基準」といわれる条件である。第1に、民主主義、法の支配、人権および少数者の権利保障をすること（政治的基準）、第2に、市場経済が機能していてEUでの競争に対応できること（経済的基準）、第3に、政治的目標および経済通貨同盟を含めてEUの構成国としての義務を負う能力を有すること（EU法の受容という基準）、という3つの条件を満たした場合にEUに加盟が認められる。

2　アムステルダム条約

　マーストリヒト条約調印前後から、EUの拡大が加速されていくことになる。EUへ加盟申請をする国が増加してくるなかで、1995年に新たにスウェーデン、フインランド、オーストリアがEUに加盟し15カ国からなる体制が実現した。また、中東欧諸国が加盟申請をし始めた。そのため、EUでは拡大深化・政治・経済統合に対応し、かつEUの体制を改革し、また共通外交安全保障政策を強化し司法内務協力を再構築することなどが求められることになった。このような背景のもとで、1997年10月にマーストリヒト条約の改定としてアムステルダム条約が調印されたのである。この条約は、1999年5月に発効し

ている。

　このアムステルダム条約の特徴は、EU拡大・政治・経済統合の前提となる民主主義制度を充実させるために欧州議会の権限強化による民主的正当性の強化が目指されていることである。また、EUのアイデンテイテイの確立のために自由、民主主義、人権保障、法の支配という構成要件が、条約で明記されたことである。

3　ニース条約

　アムステルダム条約で合意ができなかったEUの制度改革などを解決することを目指し、また27カ国へ拡大・政治・経済統合することに対応するために、ニース条約が2001年2月に調印され構成国で批准作業に入った。アイルランドの国民投票で一度否決されたが再投票で可決され、2003年2月から発効している。この条約は、アムステルダム条約の改定条約である。

　ニース条約の特徴は、以下の内容である。この条約では、拡大深化するEUの運営を機能的効率的かつ透明に実施していくためにEUの機構が改革された。たとえば、欧州委員会の選出方式が、全会一致から特定多数決に変更された。また、理事会決定については、特定多数決で決定できる分野が拡大された。さらに、欧州議会に関してEUの民主的正当性を強化し民主主義を進めるために共同決定手続の適用分野が拡大された。

　EUは、2004年中東欧の10カ国が加盟し25カ国になった。そして、2007年にブルガリア、ルーマニアが加盟し、27カ国の構成国となった。また、2013年には、クロアチアがEUに加盟し28カ国体制から成るEUが実現するに至ったのである。EUは、総人口5億人強、EU加盟国の18カ国で共通通貨であるユーロが導入されている。このことにより、EUの存在は、政治的経済的な面で世界に大きな影響力を及ぼすものとなった。尚、ニースといえばリゾート地で有名な綺麗な街であるが、2016年7月14日（フランス革命記念日）に起こった血なまぐさいテロ事件は、欧州および世界に衝撃をもたらした。

図表2　欧州連合の28加盟国一覧

1957年以来7度の拡大を経て、EU加盟国は当初の6カ国から28カ国に増えた
出典：ドイツ連邦共和国外務省文化広報部『ドイツの実情』（2015年）

3　「EU憲法条約」の挫折とリスボン条約

1　EU憲法条約

　「EU憲法条約」の構想は、すでに80年代より議論されてきたテーマであった。特に、2000年にベルリンのフンボルト大学で当時のドイツ外相ヨシカ・フィッシャーが行った講演「国家連合から連邦へ」のなかで憲法を備えたEU

という内容がEU憲法をめぐる活発な論争の契機となった。また、2000年の欧州基本権憲章は、EU憲法条約＝立憲主義化の試運転であったという指摘もある。そして、2001年12月にニース欧州理事会により採択された「ラーケン宣言」においてEU憲法を検討するための「コンベンション（欧州将来諮問会議）」が設置された。この背景には、以前から議論がされてきたEUの将来像として「連邦（共和国）主義」（ドイツの立場）なのか「国家連合主義」（イギリス・フランスの立場）なのかという論争があった。

　ラーケン宣言では、EUの統合過程で平和維持、政治的経済的発展を成し遂げてきたことが確認された。しかしその一方で、EU市民とEU機構との関わり合いが薄いことが指摘され、EUの民主的正当性を強化するために、透明で開かれた、効率的かつ民主的なコントロールの必要性が指摘された。また、特にグローバル化や東方拡大に対応すべく、EUが取り組むべき課題として以下のことを定めた。第1に、EUと構成国との管轄権の分割の見直し・明確化、第2に、法諸制度の簡素化、第3に、EUの制度的民主化、透明化、効率化の強化である。

　この宣言を受けて、2002年2月に元フランス大統領ジスカール・デスタンス議長のもとで、コンベンションが発足した。この会議では、拡大するEUが機能不全に陥らない措置を検討するとともに、どのようにEUを拡大していくのか、また新たな多極化した国際社会における安定したモデルとしてのEUを形成していくのかといった課題に取り組んだのである。そして、1年以上にも及ぶ議論を経て「EU憲法条約草案」が2003年6月および7月に採択されたのである。この草案は、2004年10月にローマでEU25構成国の代表によって「EU憲法条約」として調印された。

　しかし「EU憲法条約」は、2005年5月フランス、6月オランダの国民投票で否決されるという大打撃を受けた。この否決により、EUはきわめて深刻な事態に陥ったのである。2006年11月にEU憲法条約の発効を目指していたEUは、それを断念して新たな対応策としてリスボン条約を2007年12月に調印せざるを得なくなった。しかも、そのリスボン条約も2008年6月にアイルランドの国民投票で否決され、チェコとドイツでは条約の合憲性が争われて憲法裁判所

に提訴された。チェコで2008年8月に条約が合憲であると判断され、ドイツでも連邦憲法裁判所が2009年6月に合憲判断を下した。そして、2009年10月にアイルランドで第二回目の国民投票で可決され、ようやく2009年12月から条約が発効したのである。

2 リスボン条約

既述したように、「EU憲法条約」がフランス、オランダの国民投票で否決されたため、2007年に議長国ドイツのアンゲラ・メルケル首相がイニシアチブを取り、「憲法」という名称を断念して新たな条約を模索することになった。その結果、2007年12月にリスボンにおいて、「EU憲法条約」の内容を盛り込んだ上でニース条約の改定条約としてリスボン条約が調印され、前述の経緯を経てようやく2009年12月から発効した。

この条約の主要な内容は、以下のものである。任期が2年半の欧州理事会の常任議長（大統領）を創設する。欧州委員会の副委員長を兼任するEU外交・安全保障上級代表を新設する。EU常任議長国は、閣僚理事会の議長を務める。理事会での決定方式を多数決方式から「構成国の55％以上」および「EU総人口の65％以上」の賛成を得るという「二重多数方式」に変更する。外交・安全などの一部の分野では、全会一致方式を維持する。欧州委員会の委員数を削減する。欧州議会の議員数を削減する。「EU基本権憲章」を遵守する。

4 「EU憲法」構想をめぐる論争

「EU憲法条約」をめぐる議論では、EUに「憲法」が必要なのか、可能なのかどうかをめぐって論争がある。これは、EUレベルでの「立憲主義化」が必要なのか、可能なのかという論点である。また、フランス、オランダの国民投票で否決された背景には、「憲法」言説や「基本権」言説についての疑念および不安があるということが指摘されている。ここでは、主にドイツの研究者の議論を手がかりにしてこの論争を紹介検討していく。「立憲主義」という概念自体が多義的なものであり、政治的にも法的にもあるいは価値体系的にも語ら

れているが、ここでは主に法的な視点から考察していくことにする。法的な視点とは、憲法というものは（国家）権力を縛り人権を守る仕組であるという視点である。

1 懐疑論

　90年代中頃までは、「EU憲法」に懐疑的な見解が支配的であった。その見解は、EU憲法にとって重大な障害は、「運命共同体」という形式でのEUが不十分であるとことや共通で体得してきた欧州の歴史および文化が欠けていることであるという伝統的な国家観に関するレパートリーからスパイスされていたものだけであったわけではない。その見解には、実質において無理な多元主義社会モデルおよび多様なプラグマチックな政治理解に基づいて定式化された民主主義的理論を批判的に検討する立場も含まれている。前者の見解は、伝統的な立憲主義の立場に依拠して「立憲主義のグローバル化」や「トランス国家的な立憲主義」には懐疑的な評価をする。

　後者の立場にたち通説的な憲法理論を展開するディーター・グリムによると、共通の民主的公衆性を欠く多様な利害がある条件の下で代表的なコンセンサスの形成はうまくいかないという。それゆえ、EUは、辛抱強く構成国から正統性を付与されることに頼らざるを得ないが、欧州民主主義という条件を欠く場合には、公式な立憲主義化も断念しなければならないという。なぜなら、守られないそのほかの期待も呼び覚まされるからであるという。つまり、ハードルが高すぎる実質的な民主主義化が求められてしまうからであるという。彼は、EUではまだ多様な利害を調整し合意形成をするのに不可欠な代表民主主義が十分成熟していないか、まだ「憲法」または「立憲主義化」にとって必要な成熟した民主主義が根付いていないという理由から懐疑的な立場をとる。

　この立場では、「基本権」という概念についても、防御権という側面にウエイトを置きできるだけ国家による社会・市民への介入を抑制するという観点から、さまざまなバリエーションを含んだEU憲法条約の「基本権」には慎重である。ここには、国家と社会・市民との緊張関係を前提にした「憲法」あるいは「立憲主義」というオーソドックスな発想がある。つまり、EUレベルでの

「憲法」構想は、EU と構成国（市民）との緊張関係をどれだけ意識しているのかが曖昧でありそれに対する疑念が提起されている。この立場では、立憲主義という意味は（国家）権力を人権や民主主義によりコントロールすることだと理解するので、「EU 憲法条約」の中身がそれにふさわしい条件をまだ備えていないと評価する。つまり、「立憲主義のグローバル化」または「トランス国家的な立憲主義」の条件がまだ成熟していないと見るのである。

2　肯定論

その後、「EU 憲法」が必要であるという見解が優勢になってくる。ユルゲン・ハーバーマスは、一貫して EU 憲法の必要性を説いている。彼は、EU レベルで政治的に必要なコミュニュケーション関係がすでに生じているので、憲法上でもそのようなコミュニュケーションが生じているという理由で EU レベルでの憲法の必要性を力説する。また、「欧州型の政治社会モデル」や「社会民主主義型オルタナテイブ」を実現していくためには、グローバル化に対応していかなければならない。これは、欧州が行動能力を強化していくことによって実現される。そのためには、「新たな政治共同体」の憲法＝EU 憲法が必要であると彼は強調する。ハーバーマスの分析によれば、フランスの国民投票の結果はそれが「政治統合」自体への「ノン」ではなく、「ブリュッセル官僚」の手法への批判であるという。

2000年以降は機能主義的立場から、必要性を説く論者が目立つようになる。つまり、機能的に考察すれば、EU には、すでに憲法が存在しており、それは国民国家の憲法と同様に高権を拘束し、法秩序でヒエラルヒーを形成し、組織を創設し授権し、市民の基本権を根拠づけるというのである。この機能主義的立場からは、憲法、首相（大統領）、基本権などという国家に関わる概念をそのまま EU に当てはめて「EU 憲法」（EU の大統領、EU の基本権）が必要または可能であるということになる。

またグローバル化に対応して、国家構造の転換・政治・経済統合および欧州レベルでの「立憲主義化」は、国家および憲法の「動態（ダイナミック）」であると把握する見解もある。この見解によれば、EU 構成国の多くの憲法が「開

かれた憲法」であり、EUへの主権の一部の委譲等を定めていることが強調されている。

これらの立場では、「立憲主義のグローバル化」という文脈または「トランス国家的な立憲主義」という文脈で立憲主義＝EU憲法が構想されている。これらの立場からは、国家レベルの憲法言説がEUレベルの憲法言説へと比較的容易にパラダイム転換していると見ることも可能である。

3　批判的見解の再登場

これに対して、最近、特に機能主義的立場による「EU憲法」構想は一部の法学者やエリート官僚が考案した言説であり、それをあまりにも過大評価しているといった問題提起がされている。ハンス・ミヒャエル・ハイニッヒによれば、フランスやオランダの国民投票で「EU憲法条約」が否決された背景には、国内政治の状況が主な原因ではなく、むしろ市民の意識の中にEUレベルでの「憲法」とか「大統領」という言説に対するアイロニーがあるという。つまり、法学者（特に憲法学者）には熱狂された「EU憲法」が、市民にはその熱狂が伝わらなかったのはなぜなのかという問いに対する答えがまさに、そのアイロニーであるという。

ここには、憲法条約プロセスが市民の自治に基づくのではなく、市民に憲法を強要するものであったという評価が加わる。すなわち、「トップダウン憲法」プロセスが市民に受け入れられにくかったという評価である。また、「基本権」は市場の向こう側で、ポストナショナルな欧州というイデオロギーの新たな形式への展望を示すトランス国家的文脈で法規範としてすでに確立しており、基本権にはEUでの民主主義の赤字に対するバーターになることが期待されていると、ハイニッヒは分析する。このような分析には、バリエーションのある「基本権」言説をある種の売りにして政治統合の手段として「憲法」を機能させていこうとする「ブリュッセル官僚」への批判も見て取ることができる。興味深いことは、この分析が「EU憲法」を支持するハーバーマスの分析と共通性があることである。

いずれにしても、EUは、当面は「憲法」概念それ自体の使用を放棄しEU

条約の改定という道を模索している。EU条約は、実態としてEUの基本法または憲法として機能していることは否定できない。あるいは、政治的にはある種の「憲法」として機能しているといえる。今後は、法的にもそれを「立憲主義化」と評価できるのかどうか、あるいは「EU憲法」という名称の「憲法」が可能なのか必要なのかが検討されていくことになる。

5 EUの機構

ここでは、EUの主な機構を概観していく。また、EUの政治・経済統合の民主的正当性は、いかにしてEU市民の意思がEUの機構に反映されるのかがきわめて重要である。このような観点から、欧州議会がどのような役割を果たすのか、その役割・権限を検証していく。

1 主な機構

(i) **欧州理事会**　欧州理事会は、1974年のパリサミットを契機にして作られた新しい組織であり、EUの政治的方針を決定する最高意思決定機関として位置づけられている。EU構成国の首脳（大統領、首相）から構成されており、EU首脳会議＝EUサミットと一般的にはいわれている。欧州理事会と閣僚理事会は、実質的に1つの機関として機能している。「リスボン条約」で、欧州理事会に常任議長（大統領）が置かれることになった。

(ii) **閣僚理事会**　EU構成国の代表する閣僚から構成されており、欧州議会あるいは欧州委員会とともにEUの主要な立法機関として位置づけられる。ただし、閣僚理事会が直接政策を実施する場合もあり、その意味では行政・執行機関でもある。審議事項の対象に応じて、外相理事会（一般理事会）、農相理事会、経済財務理事会、環境理事会などと呼ばれる。ブリュッセルに置かれている構成国の常駐代表から構成される常駐代表委員会で実質的な審議を行い、閣僚理事会で最終的な決定をする。1年を2期に分けて、構成国の輪番制でそれぞれ議長国を決めている。議長国は、理事会を統制・制御する権限を与えられている。

「リスボン条約」では、EU 常任議長（大統領）が、閣僚理事会の議長も務める、理事会での決定方式を多数決方式から「構成国の55％以上」および「EU 総人口の65％以上」の賛成を得るという「二重多数方式」に変更する、外交・安全などの一部の分野では、全会一致方式を維持することが決められている。

(iii) **欧州委員会**　欧州委員会は、主に EU の行政・執行に関わる機関である。この委員会は、さまざまな政策案・予算案等を提案するのみならず法案の提出権も有する機関、すなわち立法機関でもある。その提案を受けて、閣僚理事会が決定しそれを執行していく。15カ国体制の2005年までは、ドイツ・フランス・イタリア・スペイン2名、それ以外の構成国（10カ国）1名の委員＝20名で構成されていたが、25カ国体制となった2005年から構成国1名の委員で構成されることになった。欧州委員会委員長は、ニース条約により閣僚理事会が特定多数で候補者を推薦し、他の委員は閣僚理事会で委員候補者リストを特定多数で採択する。その上で、委員全員を欧州議会で承認し最終的に閣僚理事会の特定多数で任命される。EU 条約以降任期は、欧州議会議員と同じ5年となった。

リスボン条約では、欧州委員会の副委員長を兼任する EU 外交・安全保障上級代表（EU 外務大臣）が新設され、欧州委員会の委員数の削減が決められた。

(iv) **欧州裁判所**　欧州裁判所は、EU に関する法の解釈・紛争を処理する役割を担う司法機関である。構成国から1名の裁判官が選出されている。処理紛争数の増加により、1989年から欧州第一裁判所が付設され実質的な2審制が採られている。また、構成国の裁判所に EU に関わる訴訟が提起される場合にはその構成国裁判所が EU の地方裁判所のような役割を果たすという指摘もされている。したがって、欧州裁判所が EU の最高裁判所のような役割も担っている。

2　欧州議会と民主主義

これまで欧州議会は、あまり関心を持たれた存在ではなかった。EU における議会制民主主義および立法機関の柱として、その権限・現状が検証されねばならない。特に、マーストリヒト条約批准プロセス以降の「民主主義の赤字」＝特に欧州議会選挙の投票率の低下をめぐる議論は、EU 機構と EU（構成国）

市民との関係性、あるいは民主的正当性という問題を自覚させるものであった。欧州議会には、どのような役割・権限がありまた現状はどうなのであろうか。また、「グローバル化」の波の中で欧州政治の動向は、どう変容しているのであろうか。

(i) **役割・権限**　欧州議会の議会本会議場は、ストラスブールに置かれている。現在、28カ国から751名の議員が選出されている。議員の任期は、5年である。欧州議会は、主に以下の2つの権限を有する。予算に関する権限と立法権限である。予算に関する権限では、特に新規の予算について最終決定権を有しまたEUの予算決算に関しても執行解除という権限を有する。この権限は、欧州委員会に対する非難決議を通して委員会の総辞職にも連動している。

EU条約以降の立法権限で重要なものは、「共同決定手続」である。すなわち、欧州委員会が提出した法案を閣僚理事会と欧州議会で審議し両機関で可決されなければ成立しないという手続である。また、EU条約以降、欧州議会に立法発議請求権が付与された。欧州委員会が法案提出に消極的な場合に、欧州議会は法案提出を請求することができる。すなわち、欧州委員会がこれまで独占してきた法案提出権に対するチェック機能も有することになったのである。

EU憲法条約では、欧州議会に欧州委員会委員長の選出権が付与され、リスボン条約で欧州議会の議員数の削減が決められ上述したように議席は751名となっている。

(ii) **議会選挙の動向**　1979年から、欧州議会直接選挙法が導入され構成国市民の直接選挙で議員が選出されるようになった。27カ国になって以降の2007年にブルガリア18名、ルーマニア35名の議員が加わり785名となった。しかし、既述のように2009年リスボン条約発効以降は、751名に削減されている。

欧州議会は、多様な政党・会派から構成されている。EUの政治統合は、本来中動左派のイギリス労働党、フランス社会党、ドイツ社民党などを中核とする欧州社会党進歩同盟と、イギリス保守党、フランス人民党、ドイツキリスト教民主・社会同盟を中核とする欧州人民党同盟との2大政党によってなされてきた。それに対して、フランス共産党、ドイツ左翼党などの左翼勢力は批判的消極的対応を取ってきた。しかし、政治・経済統合が拡大深化するプロセスで

多様な政党・会派が生まれてきた。

特に80年代以降、新たな政党・会派が生まれてきた。たとえば、緑の党と極右政党（たとえばフランスの国民戦線、ドイツ国家民主党など）である。緑の党は、環境保護（エコロジー）、反原発、女性解放（フェミニズム）を掲げこれまでの政治に対する「オルタナティブ」として、既成政党に飽き足らない市民に広範に支持されるようになった。また、極右政党の支持率拡大は、オランダ、オーストリア、イタリア、ベルギー、デンマーク、ノルウェーなどで政権参加をもたらし、ドイツ、フランス、イギリス、スウェーデン、ポルトガル、スペインなどでも一定の勢力を形成しつつある。この極右政党は、反EU、反グロバリーゼーション、福祉政策の重視、外国人排斥などを政策に掲げる新たな装いをまとった「政党」として位置づけられる。

最近は、極右とともに反EU、反移民・反イスラムを掲げる政党（たとえば、「ドイツのための選択肢」AfD）が勢力を伸ばしている。政治的には、極右ではなく右派ポピュリスムスの色彩を帯び保守層のみならず、中間層および労働者にも支持を拡大している。移民排斥、新たなナショナリズムという共通項を共有する政党が欧州では、勢力を伸張させている。

また、欧州議会の得票率の低下および構成国の国内選挙での同様な傾向は、「民主主義の赤字」の深刻さを物語っている。この要因には、EUレベルでの「グローバル化」および「ハイテク化」の進展があるという指摘がされている。「EU憲法条約」ではEUのモットーとして「多様性の中の統合」が掲げられているが、多様な政党・会派に基づくEUレベルでの政治的統一はどのように実現されていくのか。欧州議会での今後の動向が、注目される。

(iii) **2014年欧州議会選挙結果および英国での国民投票**　2014年に行われた欧州議会選挙は、投票率43.09％で前回よりわずかに上回ったが、あいかわらず低い投票率である。議席を獲得した政党グループは、EU推進派である欧州人民党と社会民主進歩党といった2大政党が過半数をかろうじて超えた。その一方で、EUに懐疑的な政党グループ・政党が特にフランスや英国で躍進した。今後、ドイツの「ドイツのための選択肢」などをはじめとする右派ポピュリスムスの台頭が予想される。難民問題の対応如何によっては、EUは分裂の危機に

図表3　2014年欧州議会選挙　政党グループ別獲得議席数（6月5日16時26分時点）

政党グループ	2014年 議席数	%	2009年 議席数	%	増減
欧州人民党（EPP）	221	29.43	274	35.77	−53
社会民主進歩同盟（S&D）	190	25.30	196	25.59	−6
欧州自由民主連盟（ALDE）	59	7.86	83	10.83	−24
欧州保守改革グループ（ECR）	55	7.32	57	7.44	−2
緑の党・欧州自由連合（Greens/EFA）	52	6.92	57	7.44	−5
欧州統一左派・北欧緑左派同盟（GUE/NGL）	45	5.99	35	4.57	10
自由と民主主義の欧州（EFD）	32	4.26	31	4.05	1
無所属（NA）	41	5.46	33	4.31	8
その他（新規当選者で既存政党と連携していない議員）	56	7.46	—	—	
合計	751	100	766	100	

政党グループは、少なくとも7カ国25名の議員で構成されなければならない。新欧州議会は2014年7月1日に招集される。
出典：駐日EU代表部公式ウェブサイト（http://eumag.jp/news/h060614/）

陥る可能性も否定できない。また、英国のEU離脱をめぐる国民投票での離脱決定は、他の国でも反EU・反移民を掲げる極右政党や民族主義政党などの動きを活発化させている。

確かに、英国のEUからの離脱の行方はまだ不透明な部分があるが、いくつかのEU加盟国では、反EU、反難民・移民を掲げる政党が支持を拡大している。その理由の1つには、「ブリュッセル官僚」の「トップダウン」により政策が強要されていることに対するEU市民の反発が渦巻いているといえる。また、移民の増加によってEU市民の間に「アイデンティティ」が失われかねないという不安、「主権」が脅かされているという危機感がある。ここには、「EU憲法条約」をめぐる議論でも指摘されていたEUの官僚主義的な機構・政策（たとえば緊縮財政の押しつけ）へのEU市民の不信が大きく横たわっている。EUは、今後EU市民の声に耳を傾けその正当性と信頼性を確保するような改革、特に「官僚主義的な政策実行」に歯止めをかけるような改革を行っ

ていくことが求められている。欧州議会のさらなる権限強化は、その改革の1つとなりうるであろう。

〔参考文献〕
井上典之（2009）「国境を超える立憲主義」ジュリスト1378号
植田隆子編（2007）『EUスタディーズ1　対外関係』勁草書房
駐日欧州連合代表部Webサイト、http://www.euinjapan.jp/
小久保康之編（2016）『EU統合を読む』春風社
小林勝監訳・解題、細井雅夫・村田雅威訳（2005）『欧州憲法条約』御茶の水書房
島野卓爾ほか編著（2006）『EU入門』有斐閣、第6刷
高田敏（2006）「ヨーロッパにおける人権　おぼえがき」高田敏ほか『ヨーロッパにおける人権』大阪国際大学研究叢書14号
高田敏・初宿正典編訳（2016）『ドイツ憲法集〔第7版〕』信山社
高橋進・石田徹編（2016）『「再国民化」に揺らぐヨーロッパ——新たなナショナリズムの隆盛と移民排斥のゆくえ』法律文化社
高橋進・坪郷實編（2006）『ヨーロッパ・デモクラシーの新世紀』早稲田大学出版部
辰巳浅嗣編著（2012）『EU——欧州統合の現在〔第3版〕』創元社
天理大学EU研究会編（2010）『グローバル化時代のEU研究』ミネルヴァ書房
中村民雄・山元一編（2012）『ヨーロッパ「憲法」の形成と各国憲法の変化』信山社
中村民雄編（2005）『EU研究の新地平』ミネルヴァ書房
日本EU学会編（2011）『リスボン条約とEUの課題』有斐閣
ハーバーマス，ユルゲン（2005）「なぜヨーロッパは憲法を必要とするか？」三島憲一訳、世界9月号
―――（2010）『ああ、ヨーロッパ』三島憲一ほか訳、岩波書店
長谷部恭男ほか編（2007）『憲法5　グローバル化と憲法』岩波書店
羽場久美子（2016）『ヨーロッパの分断と統合——拡大EUのナショナリズムと境界線—包摂か排除か』中央公論新社
福田耕治編（2006）『欧州憲法条約とEU統合の行方』早稲田大学出版部
松本和彦編（2014）『日独公法学の挑戦』日本評論社
村上直久編著（2009）『EU情報事典』大修館書店
森井裕一編（2005）『国際関係の中の拡大EU』信山社
安江則子（2007）『欧州公共圏——EUデモクラシーの制度デザイン』慶應義塾大学出版会
Grimm, Dieter (2001) Die Verfassung und die Politik, München (Deutschland): C.H. Beck.
Heinig, Hans Michael (2007) Europäisches Verfassungsrecht ohne Verfassung

(svertrag), Tübingen (Deutschland): JZ.
Huber, Peter M. (2009) Das europäische Grundgesetz, Neuwied (Deutschland): DVBl.

第5章 移民大国フランスの葛藤

森　洋明

1 移民大国としてのフランス

1 「フランス」の成り立ち

　フランスに行ったことのある学生の話のなかに、「フランスらしくない」といった感想が聞かれる。「フランスらしくない」とは、パリやその他の大都市部で見かける移民についてである。かつて筆者が南仏の都市トゥールーズに留学した際、大学近辺の住宅街で出会う多くの移民に接して同じ思いをしたことを思い出す。一般に日本人が抱くフランス人像は、「白人で、金髪で、目が青くて」といったものではないだろうか。そんなフランスで、「花の都パリ」で多くの黒人やアラブ系、アジア系の移民との遭遇は、まさしく「らしくない」のである。しかし、フランスは地理的にみても西ヨーロッパの「十字路」と言われており、歴史的にも世界史にも登場するバイキングやアングロサクソン、ゲルマン、バンダルなど長い歴史のなかで多くの民族が行き交い、融合し、多様な文化を形成してきた地域でもある。
　そもそも「フランス人」という概念が社会に浸透したのはフランス革命以降からだと言われている。それ以前は、隣国との国境線が明確でなかったり、「外国人」という定義も曖昧であったりした。そうしたなか、絶対王政から主権を国民に転換し「人権宣言」を発し、国民国家が形成される過程で、それまで希薄であった「フランス国民」という概念に少しずつ輪郭がつき、それ以外の外国人との区別をもたらすことになった。
　歴史的にフランスの領域の基になったのが、カール大帝が拡大していった帝

国を843年に分割したヴェルダン条約だと言われている。それ以降、この地域は西フランク王国と呼ばれるようになるが、王国の中心はオルレアン周辺の限られた地域だけであり、他の有力勢力との間の主従関係で王国の権威が保たれていたに過ぎない。こうしたさまざまな勢力を武力や婚姻関係などの策略によって少しずつ統合していって絶対王政時代にようやく統一されていく。つまり、フランスとはそもそもさまざまな異なる人種や文化を少しずつ統一することで形成された国なのである。

筆者がフランスにいた時に、フランスの政治家の言説のなかに、「solidarité」(団結)という表現がしばしば聞かれた。日本ではそれほど力説しない表現だろう。あえていうならそれは戦国時代を舞台とした歴史物語のなかに、「統一」という表現がでてくるのと似ている。つまり、1つにまとまっていくことの重要性を説かなければならない背景には、放っておけば1つにまとまらない危険性が潜んでいるとも言えるだろう。

フランスは、現在も4人に1人は2代まで遡ると外国出身者の血が混じっていると言われているほどの移民大国である。私たちが知っている有名人にも多くの移民がいる。たとえば、ニコラ・サルコジ前大統領は、父がハンガリーからの移民なので移民2世である。サッカーのジネディーヌ・ジダンもアルジェリア独立戦争の前にフランスに移民してきた2世だ。他にも、シャンソン歌手や俳優として活躍したイヴ・モンタンはイタリア出身である。

1791年9月、フランスは立憲君主制の下で制定された憲法制定国民会議では、全文として「人権宣言」があるが、第1条で「王国は単一にして不可分である」と謳われている。1789年のフランス革命以降、フランスは共和制や王制など紆余曲折を経て共和制へと向かっていくが、そのなかでこの「不可分」という精神は常に変わらず、第5共和制憲法第1条1項においても、「フランスは、不可分の非宗教的、民主的かつ社会的な共和国である」(La France est une République indivisible, laïque, démocratique et sociale.)と宣言している。

2 同化政策＝共和国精神

「不可分」の国作りにとって重要なのが「同化政策」である。それは「一国

家＝一言語」というフランスの言語政策の面で如実に顕れている。革命以降、フランスの地方で話されていたブルトン語やオクシタン語、バスク語、プロバンス語など、さまざまな地方の言語はその使用が制限され、アカデミー・フランセーズ（1635年、ルイ13世の統治下で設立）の監視下で、唯一の共和国言語としてのフランス語の普及に心血を注ぐのだった。そこには、革命後の1794年、第１共和政の下で行われた調査で、当時の人口約2800万人のうちフランス語が正しく話せる人は300万人しかいないということも影響していたことだろう。実際、現行の憲法第２条にも「共和国の言語はフランス語である」（La langue de la République est le français.）と明言されている。「不可分」という理念を推し進めなければならなかったのは、「solidarité」が強調されるのと同じように、今日のフランスと言われる地域にはさまざまな民族や文化が入り交じっていたからこそ必要とされたからであろう。だからこそ同化政策が重要であって、それは今日のフランス社会にも受け継がれている。昨今、地方語の復権が認められるようになっては来てはいるが、フランス語の変様に関してはアカデミー・フランセーズが今も目を光らせている。

　同化政策はフランス社会の伝統であり、異なる文化を均一化していくための手段として、フランスの歴史を通じて「不可分」の社会形成に寄与してきた。しかし、20世紀後半以降、この統合の歩みから反するような事態が次々と起こってくる。それが本論で取り上げる、フランスに500万とも言われるイスラム系移民の存在である。彼らとのさまざまな軋轢が幾度にもわたって社会問題として表面化した。その代表的な事例がいわゆる「スカーフ事件」である。その問題の根底には、同化政策を推し進めた「共和国精神」のもう１つの柱である「ライシテ」（Laïcité：非宗教性）との衝突がある。そしてそれは国を二分するような大きな問題になるほどの重要なことであった。

2　植民地統治からみるアフリカへのまなざし

１　「文明化」の名の下に

現在フランス社会における移民問題の多くが、アフリカ大陸からの移民であ

る。そこでまず、アフリカとの関わりの歴史を簡単に振り返っていきたい。

フランスとアフリカとの関係は、アメリカ大陸に大量の黒人を連れていった奴隷交易に遡る。15世紀頃から始まった大航海時代はアメリカという新大陸発見につながり、その開発のためにアフリカから1000万人以上とも言われる黒人奴隷が大西洋を渡って新大陸に運び出された。奴隷貿易は、当初はポルトガルやスペインが先行していたが、17世紀後半からはイギリスやフランスが本格的に参入し、18世紀にはいわゆる「三角貿易」と呼ばれる奴隷交易の最盛期を迎える。

この奴隷貿易と現在のフランスの移民問題は直接的な関係はない。しかし、奴隷交易がその最盛期を迎えている頃、同時にヨーロッパでは啓蒙思想によって、これまでの神に支配された時代から人が中心となる世界観へ移行する「光の世紀」の時代を迎え、そのなかで「人権」に対する意識が芽生えと共にその言説は当時の黒人奴隷にも及んでいる。たとえばジャン＝ジャンク・ルソーは『社会契約論』第4章「奴隷状態について」で、奴隷は負けた側にとって命の代償であると述べた上で、しかし「負けた者を殺す権利などというものが、決して戦争状態から出てくるものでない」と指摘している。また、モンテスキューは『法の精神』のなかで「すべての人間は平等に生まれついているのであるから、たといいくつかの国でそれが自然的理由にもとづいて設立されているとしても、奴隷制は自然に反すると述べなければならない」と奴隷制を断罪している。啓蒙思想家のさまざまな言説は、やがてそれは「人間と市民の権利の宣言」（1789年）に結実していく。

人権という考え方は、確かに奴隷貿易の廃止への動きを加速させていくが、その一方で18世紀後半から19世紀にかけてのヨーロッパにおける産業革命は、人的資源から工業化する産業を支える油や原材料といった資源の需要を高めることになった。そのなかで資源の供給地としてのアフリカが着目されていく。また、奴隷貿易に終止符を打つ考え方のなかに、現地住民の「文明化」というキーワードが登場するようになる。そこにはアフリカの「文明を持たない未開人」に対するヨーロッパからの視点が盛り込まれているのは言うまでもない。それはまた、フランスの三色旗に込められた革命の理念でもある「自由・平

等・友愛」のキーワードと重なっている。進んだ国であるフランスが遅れた民を文明化する「文明化の使命」(mission civilisatrice) が叫ばれることとなる（平野 2002：60）。やがてそれは、1829年にフランスが地中海の対岸であるアルジェ（アルジェリア）に派兵することで実行に移される。アルジェは当時、オスマン帝国の勢力域であった。この地域に派兵することは、現地における奴隷制度からの「解放」であり、同時に現地を「文明化」させるためのものだった。「文明化の」というフランス語における形容詞の初出が1829年であり、アルジェ派兵の前後に重なるという指摘（平野 2002：60）にも呼応する。

2 アフリカの植民地化

　奴隷貿易に終止符が打たれたと同時に、アフリカは同じくヨーロッパ列強国の植民地統治時代を迎える。イギリスやドイツ、ベルギー、ポルトガル、オランダなど、競い合うように「暗黒大陸」に進出していく。それまで奴隷貿易時代には、沿岸の王国との取引によって奴隷を調達し船に積み新大陸に運び出していた。つまり、ヨーロッパの白人がアフリカ奥地に分け入り奴隷狩りをしていたのではなく、ヨーロッパとの貿易で得た火器を持って沿岸部のアフリカの有力な王国が行っていた。したがって、ヨーロッパの人たちにとってアフリカ大陸の内部は未知の世界だった。
　そこでアフリカの地理を明らかにすることが急務となった。しかも時代は産業革命によって労働力からエネルギー資源の確保へとシフトしていた。そうした状況下で活躍したのが探検隊や伝道師たちだった。大陸の河川がどのように繋がっているのか、どこにどんな資源があるのか、そのために地理を把握することが重要だった。イギリスは1788年にアフリカ内陸探検振興会を設立する。医師で宣教師でもあったデイヴィッド・リヴィングストンは、ザンビアとジンバブエの国境の滝であるヴィクトリアの滝を発見し、宣教師のマンゴ・パークはニジェール河流域を探検した。フランスはルネ・カイエがパリ地理学協会（1821年に設立された世界最古の地理学会）の懸賞金で当時「幻の黄金の都市」とも噂されていたトンブクトゥを経由してサハラ砂漠の横断に成功し、西海岸から地中海へぬけるルートを開拓した。こうしてアフリカ大陸は徐々にヨーロッ

パ諸国によって「発見」され、「開発」され、そして資源の供給源として「活用」されていく。啓蒙思想の申し子でもあったパークやカイエといった探検家の活躍の裏には「因襲と専制が支配する旧来の世界に対し、文明と繁栄が共有される新しい世界の到来を約束する」（竹沢 2001：7）という視点があったようだ。つまり、奴隷貿易から啓蒙主義、そしてその思想を受けて探検家が活躍する植民地前時代は1つのラインで繋がっており、そしてそれは今日のフランスにおける移民問題とも決して無関係ではない。

資源を巡るアフリカ大陸の争奪戦は激化し、ドイツも植民地協会を設立（1882年）し、南西アフリカ（現ナミビア）やカメルーン、西トーゴを併合する。こうしたヨーロッパ列強国のアフリカ開発によって、アフリカ大陸内では武力衝突にまで発展する事態となった。そこでドイツの「鉄血宰相」と言われたビスマルクが1884年にヨーロッパ諸国を集めて会議を開催する。通称「ベルリン会議」と呼ばれる100日間にわたる会議で、ヨーロッパの列強国が当時者であるアフリカを抜きにして大陸を分割していくのであった。それはヨーロッパからの一方的な分割であり、現地の民族構成や言語環境などは一切考慮されていなかった。そしてそれこそが今日のアフリカ社会に大きな影響を与えており、昨今のアフリカからの大量移民を生み出す遠因にもなっている。

3　フランスの直接統治

フランスの植民地統治は、イギリスの間接統治と対比され直接統治と言われていることが多い。イギリスは各植民地に中央政府をおき、その下に地方の行政単位として州をおいていた。本国から派遣される総督は中央の行政を統括し、行政協議会はイギリス人官僚のみで構成されていたが、立法協議会には数人のアフリカ人も参加することが認められていた。また、現地での総督の権限は大きかったようである。功利主義のイギリスにとって、最小の投資で利益を最大限に引き出すことが最も重要なことだった。

一方、直接統治と呼ばれたフランスの植民地統治は、植民地をフランスの「州」として位置づけていた。植民地のアフリカ人は一応「フランス市民」（ただし、実際には「国籍」と「市民」は分離して考えられていて、現地で適用される法制

度によって複数の「市民」カテゴリーが存在した）として捉えられ、下院に代表者を選出することもできた。フランスの直接統治は地方行政のシステムだけでなく、学校教育などを通じてフランス文化への同化政策にも見て取れる。とくに重要なのは「唯一の文明語」としてのフランス語の普及だった。それは革命以降のフランス社会の成立状況と重なってくる。ただ、ライシテに関しては全く逆で、本国では宗教は公の場から徹底的に排除されていったが、植民地統治では教育や医療を担う機関としてキリスト教組織が活躍した。

オルレアン―パリを中心とした小さな王国は、地方の国々を同化させることによって絶対王政を築きあげた。その根底にあったのは、歴代の王がランスの大聖堂で法王から戴冠してきたように、キリスト教、特にバチカンからの「お墨付き」であり、それが正当性を保証するものでもあった。植民地統治においては、本国では公の場から排除されていくキリスト教が、未開人の「文明化」を保証するものとして新たな「居場所」を見いだすことになっていく。キリスト教は文明化の象徴となり、植民地統治に重要な役割を果たしていくのだった。

ところが、フランスを統一するのに作用してきた同化政策は、植民地が拡大するとともにその適用が困難であるということが表面化していく。平野（2002：73）は同化政策を２つの面に分けて見て取れるという。１つは「制度上の同化」である。アルジェリアにおいて、アルジェやオラン、コンスタンチーヌなどの都市が１つの県として共和国に組み込まれたり、植民地における参政権も制度として存在したりしていた。しかし、実際に参政権を得たのは純粋に現地の人たちではなくフランスから移住した入植者で、同化装置として重要な役割を果たさねばならない教育機関も全員に開かれたものでもなかった。もう１つの同化は「文化面の同化」である。この象徴的なものがフランス語の普及だった。イギリス統治においては、原住民の法廷などでの現地語の使用が認められていたが、フランス語圏ではフランス語は「唯一の文明言語」であり、現地語は使用できなかった。しかし現実には、植民地全体にフランス語が浸透したという訳では決してない。たとえば、同化政策の模範的な統治とされていたセネガルにおいてさえも、独立４年後の調査では、フランス語を理解できないものが90％近くもいて、読み書きがある程度できるものは６％だけだったという。

また、熱帯アフリカ地域の学童数は、全体で3000人しかいなかったようである。

同化政策が進まなかった理由の1つに、北アフリカではイスラム教徒たちの存在が挙げられる。当時のフランスにおけるイスラムの見方は概して否定的だった。たとえば、竹沢（2001：40）は「『文明国』フランスに与えられた正当な権利として意識するにつれ、それに敵対するイスラム勢力は『癒やしがたい敵』として位置づけられている」と指摘する。また「文明化の使命」として進出した当初は、奴隷制を廃止することによって、イスラム教徒の一夫多妻制は終了すると考えられていた。そこには、「一夫多妻というキリスト教の教義にそぐわないものを廃止させることは、ヨーロッパ的価値観を優越的地位に置き、それを他の地域にもちこもうとする姿勢」（平野 2002：72）が見られたという。

4 「協同」の概念

アフリカ植民地統治における同化政策は、その制度上のレベルであって実質的には植民地住民のフランスへの同化は一部の限られたエリートを除いて、それほど進展していなかった。1900年以降、植民地帝国が広がっていくなかで、同化に変わる統治のキーワードとして「協同」（association）という概念が登場する。そして、それが具体化されたものとして、フランスに対する植民地からの兵役など軍事に関わる協力であった。特に有名なのが「セネガル狙撃兵」である。

この植民地によるフランス本国への軍事レベル協力は、欧州が舞台となる第一次世界大戦と第二次世界大戦においてより顕著になっていく。とりわけ激戦で犠牲者も多かった第一次世界大戦では、植民地からも北アフリカを中心に約60万人が動員されたと記録されている。工場などの労働奉仕などを加えるとその数は80万人に及んだ。フランスにとってはこの植民地から徴兵された人的支援が、ドイツとの戦争において大きな支えになっていたとも言える。実際、アフリカからの兵士は戦闘の最前線に送り込まれ、ドイツとの国境添いの街であるヴェルダンでは、約2万3000人のアルジェリア人が犠牲となっている。このように、ヨーロッパの政情不安とともに、協同の名の下にフランスに対するアフリカ植民地からの貢献が一層重要になっていく。それは「自由にした住民

を、即座に祖国の防衛のために協力させること」という奴隷制廃止の政令の付帯事項に即することであり、また本国に対する「友愛」の証としていくものと平野（2002：75）は指摘する。植民地はこうして「血の税金」を負わねばならなかったのである。

　また、第二次世界大戦時、フランスがドイツに占領されるなかでできた親ドイツ派の政権（通称ヴィシー政権）の時代は、それに反対する勢力として反ドイツを掲げたシャルル・ド・ゴールが「自由フランス国」を宣言し、国際社会に訴えていった。その首都は現在のコンゴ共和国のブラザヴィルにおかれた。ド・ゴールが国際社会に「自由フランス国」を認めさせた背景には、広大な植民地が後ろ盾になっていたとも言われている。ド・ゴールが行ったブラザヴィルにおける宣言（通称「ブラザヴィル宣言」）によってアフリカのフランス植民地は戦争協力と引き換えに、戦後の自治権拡大が約束され、その後の植民地の行末を大きく左右することとなっていく。

　フランスのアフリカ植民地統治を概観してみると、アフリカ人の「文明化」やフランス社会への「同化」や「協同」、そして「反イスラム」といったキーワードが浮かび上がってくる。同時に植民地に依存した歴史も見えてくる。これらの歴史的事実を通して現代のフランス移民問題を見てみると、そこに何か通底するものが感じられる。次章では、これらの歴史的経緯を踏まえて今日のフランス社会における移民の諸問題を概観していきたい。

3　イスラム系移民とフランス社会との摩擦

1　イスラム系移民の流入

　現代のフランス社会における移民の諸問題を見ていくが、まずフランスの移民の状況を概観していこう。

　19世紀以降、フランスには大きく3回の経済移民の波が押し寄せるが、イスラム教系移民がフランスに登場するのは、第二次世界大戦以降の高度経済成長の時代に入ってからである。「30年の栄光」と呼ばれるこの時期は、特に2回にわたる大戦で多くの就労年齢の死傷者を出したことと重なって、労働人口の

不足が叫ばれた。さらに、他のヨーロッパ諸国に先駆けて出生率の低下の影響も、この頃の労働者不足に拍車をかける。それまでフランスの労働移民を支えてきたイタリアやスペイン、ベルギーといった周辺諸国でも、同様に自国内での労働人口の需要が高まっている。そこで60年代に旧宗主国であるフランスから独立を果たしたマグレブ諸国がその穴を埋めることになったのである。その一方で1954年には176万人だった外国人の数が、1975年には350万人と2倍近くになる。

　これらの国々の移民にとって、地理的に近いことや「フランス語圏」という言語的な面も追い風となった。雇用者側にとっては、こうした移民の安い労働賃金は大きな魅力である。また送り出す方の国も慢性的な雇用問題を抱えており、失業者を送り出せる絶好の機会となったのである。とりわけ、農村部で働き口のない失業者が多くフランスに渡った。なかでもアルジェリア人は特別な待遇を受け、1964年までは自由に行き来できたのでその数が最も多い。

2　移民の定着化

　1970年代以降、大都市郊外に建設された「HLM」と呼ばれる低所得者向けの公的集合住宅に多くの移民が入居する。その点、移民の居住区域が大都市の内部に存在するイギリスやベルギー、ドイツなどとは対照的である。オイルショックの翌年、1974年には労働移民の受け入れはストップする。しかしそれ以降も、家族の呼び寄せによって移民の数は増加を続ける。他の移民に比べてマグレブ系移民には比較的若い世代が多かったので、人口の増加にも繋がった。家族合流は人道的見地から容認せざるを得ない。

　フランスの景気が後退し始めて国内の失業率が高くなるにつれて、「出稼ぎ移民」に対して社会的批判が集まってくる。外国人排斥を全面に押し出す極右政党の国民戦線が注目を浴びるのもちょうどこの頃である。フランスの国籍は出生地主義をとっているので、両親が外国人であってもフランスで生まれた子供は、一定の条件下でフランス国籍が取得できる。しかし、移民の2世、3世の居住区が移民率が高い大都市近郊に集中しており、一般的フランス社会から遠ざかった環境のなかで生活している。移民の多さ、失業率が高さ、また地域

の治安の悪化によって元々のフランス人がそうした流出していく。すると他に行き場のない移民たちがますます一般のフランス社会から孤立していくのであった。筆者が実体験したトゥールーズの大学近郊もこうした地域だった。職がない貧しい農村出身であった移民1世は、言葉の壁に加え、子供たちの学校教育について関心が希薄な場合が多く、学校教育についていけない移民の子弟も多く、こうした地域は「優先教育地区」となっているところが多い。

このような地区に居住する移民にはイスラム教徒が多い。イスラム教は日常生活のなかでの宗教の実践に重きを置く。「スカーフ事件」は、このような学校教育の環境のなかで起こったのである。

3　イスラムの可視化——「スカーフ事件」

イスラム教の女性が被るスカーフがフランスで社会問題として表面化したのは、1989年10月、オワーズ県クレイユ市の公立中学校に通う3人のモロッコ人の女子中学生がスカーフを被って登校したことに始まる。イスラム教徒のスカーフ問題はそれ以前から、教育の現場で見られる現象であった。しかしほとんどの場合は、学校が家族と話し合い、スカーフをとることで問題を解決していたため問題が表面化してこなかった。この中学校の場合も学校側が父兄会と相談をし、教室の入り口までの着用は許可された。しかし、教室内ではスカーフを肩にかけるとのことで双方が合意をしたが少女たちの家族はこの案を聞き入れず、また少女たち自身もこの条件では教室に入ることを拒否したのである。そこで学校は彼女たちを退学処分とした。

イスラムのスカーフが教育の現場で問題となる理由として、大きく2つの理由が挙げられる。1つは実質的な側面からの問題で、スカーフが円滑な授業の妨げとなるからである。体育の授業や理科の実験の際には、スカーフの着用は安全上の問題となる。また定期試験の際での着用は、本人の確認に支障を来すことが挙げられている。もう1つは、このスカーフが頭を覆い隠すこと自体が「イスラム」という宗教に依拠するスカーフだからだ。フランスではライシテの原則により、学校という公共性と宗教的表象が相容れないのである。この2つ目の理由によって、イスラム教徒の少女が学校で着用するスカーフが1つの

「事件」として大きく取り上げられ、フランス社会全体を揺るがすものになったのである。この事件を報じるマスメディアの論調もその点が強調されている。

やがてこのイスラムのスカーフ問題は、学校だけでなく社会全体の問題となり、フランス社会におけるイスラムの可視化として捉えられていく。そこで、革命以降の共和政の成立過程で重要であったライシテの精神と衝突するのだった。2003年7月2日、当時のシラク大統領は「共和国の非宗教性に関する調査会」を発足させた。政治家や知識人、教育関係者、弁護士などで構成された調査委員会は、その報告書のなかで「禁止される宗教的象徴とは、大きな十字架やスカーフ、キッパなどこれ見よがしの象徴である」と結論づけた。

この報告を受けた大統領は、絶対王政時代やナントの勅令、またフランス革命やドレフュス事件等のフランスの歴史を通じて培われた共和国精神に言及した上で、「ライシテはあらゆる出身地や文化、あるいは男女を問わず、共和国とその憲法によって個々の信仰が守られることを保証する」ものであると言明した。特に教育に関して「学校は、価値観や知識の習得の面、さらにスポーツや教育における男女の平等を保障するために、我々が守らなければならない共和国の侵されざるところである」と述べた。こうして、スカーフ規制の法案作成が国民議会で討議に入り、2004年2月10日に国会の圧倒的賛成多数で可決され、2004年の新学期（9月）から適用されるようになった。当時の世論調査でも国民の8割近い人がこの宗教的中立を支持している。

4　共和国精神——同化と「ライシテ」

1　ライシテの成り立ち

フランス革命の原動力であり、今日のフランス社会の根底に流れる共和国精神は「フランスは、不可分の非宗教的、民主的かつ社会的な共和国である」という1958年第5共和国憲法第2条で端的に言い表されている。イスラム系移民の少女たちが頭部につけるスカーフが社会問題になるのは、それが宗教を象徴するものであり、そしてとりわけ「イスラム」であるからだ。

第5章　移民大国フランスの葛藤

　1789年の革命以前、フランスでは、生活のあらゆる面において教会に支配されていた。誕生から始まり、洗礼、結婚、葬儀などすべて教会で行われ、婚姻や離婚、信教の自由もなかった。またこの教会は行政とも連関しており、教会に反旗を翻すことは市民としての権利を放棄することを意味した。この場合、教会とはカトリックと同義語であると考えてよいだろう。戸籍に関しても、革命以前は教会が管理していたので、カトリック教徒しか戸籍を持てなかった。共和国宣言というのは、この身分制を廃止し、出身地や宗教の違いを超越した「不可分」な共和国の一員になるということを意味している。それは、教権の支配から国家の支配、換言すれば宗教的支配から非宗教的支配へと移行していく過程でもあった。

　ライシテが現在のフランス社会に浸透するには、王政や共和政、帝政が交代するなかで紆余曲折を経るのだが、特に第3共和政（1870年〜1940年）の下で国家の非宗教化は加速していく。日曜日を休日とする義務や墓地の宗派制の廃止、葬儀の民事化、病院職員を聖職者でないようにする。実際、この時代になってようやくライシテという表現が使用されるようになる。当時、この表現は宗教全体というより、むしろ教会権力特にカトリック教会の権力体制からの解放を意味していた。第3共和政の下で発布され、国家と教会との関係を決定づけた「La Séparation des Eglises et de l'Etat」（政教分離法）であり、「Eglises」という「教会」を意味する言葉が使われているところからもカトリックが標的であったことが読みとれる。これにより宗教の実践は「私的」な空間に追いやられることになり、公共における宗教性は一切排除されることになった。フランスの公立学校において、入学式や卒業式など「儀式」（Cérémonie）的なものが一切行われていないのもこうした理念に依っている。

　ライシテの精神はこのようにフランス革命から続く教権との闘いのなかで醸成されたものだと言えるだろう。政治犯が収監されていたバスチーユ牢獄から始まるフランス革命は、単なる政変やクーデターのようなものではなく、長い間支配され続けてきた旧体制である王権からの脱却であり、その王権と深く結びついていた教権、つまりカトリックの支配からの解放するための歴史なのである。共和国憲法のなかに謳われている「フランスは、不可分の非宗教的」の

89

表現には、200年以上にも続いてきた戦いの歴史の重みがある。だからこそ、一女生徒のスカーフ問題は、したがって、個人の問題ではなく国家の問題となっていく構造がここにある。

2　文化としてのキリスト教

このように、学校は共和国精神を養うための場として位置付けられ、そのために非宗教性を浸透させるための長い闘いの歴史を持っている。したがってそのような場所に、ある宗教的シンボルとみなされるものを持ち込むことは容認し難いのである。つまり、「ライシテ」を標榜する共和国にあって、イスラム教の教えの日常生活での実践は問題となる。

ライシテとは「市民権と宗教的帰属の分離、良心の自由と礼拝の自由の保護、宗教に基づく差別の撤廃、国家が宗教や絶対的価値観に支配されないこと、国家の諸宗教に対する中立性」(鹿島 2015：58)と解釈できる。しかし、実際には今日のフランス社会でとりわけイスラムに向けられたものとなりつつある。ただ、スカーフが宗教性のシンボルと見なされ禁止されるのなら、どうしてこれまでユダヤ教のキッパに対して反応がなかったのだろうか。またその大小はいろいろだが、十字架はより多くの人が身につけていたのだが、これまでにそのことが大きな社会問題として取り上げられたことはなかったのかという疑問も出てくる。また、フランスの暦には、復活祭や御昇天、聖霊降臨、聖母被昇天、万聖節、クリスマスとキリスト教に因んだ祝日が多くあるが、国が定めた休日が宗教の祭典に依拠しているのは問題にはならないのだろうか。

そこにスカーフを問題視するライシテとは別次元のフランス社会の特性として、キリスト教に根ざした文化があるのではないかと思われる。植民地統治時代、フランスにとってイスラム教は外在するもので、敵視し排除するだけで良かった。しかし、今日それがフランス社会に内在するものとなり、これまで直面してこなかった局面を迎えるようになってきた。新たなる宗教に対して抱く危惧の念が、その象徴ともいえる「スカーフ」を法律で禁止することによって、キリスト教に依拠したフランス文化のアイデンティティを保持しようとする方向に働いているように思われる。

第 5 章　移民大国フランスの葛藤

そもそもフランス、あるいはヨーロッパにおけるイスラムに対するまなざしは、「イスラム系移民」と一括りに捉える傾向にある。しかし、実際にイスラム教といってもさまざまな宗派があり、イスラム系移民に関しても、出身国や出自の社会的階層、教育の水準、宗教実践の度合いなどさまざまである。極端な例を挙げるなら、イスラム系移民にはテロ事件を起こす者がいればその犠牲となる者もいるのである。シャルリ・エブド事件（2015年1月）の犠牲者のなかにもイスラム教徒がいた。にもかかわらず、それらを1つのグループに属するように見る社会のまなざしがある。「イスラム＝危険視」の風潮は、前述の植民地帝国時代のイスラムに対するまなざしと通底している。イスラムに対するこのようなまなざしの背景には、本土ではライシテを進めてきても植民地統治ではキリスト教会が積極的な役割を演じたように、「文明化」したフランス、換言すればキリスト教化した世界観や価値観に依拠している「進んだ」文化があるということを暗に言っているのではないだろうか。

もちろん、植民地統治時代のように、キリスト教化が「文明化」に繋がるなどと現代社会で思っている人はいないだろう。しかし、キリスト教が根底にあるフランス文化において、それに「同化」できない人たちに対する社会の視線は、植民地統治下の北アフリカにおけるイスラム対するまなざしと共鳴しているように見えてくる。植民地統治で叫ばれた「文明化」というキーワードが、現代社会においては革命以降フランスが重視し続けてきた「共和国化」に置き換えられているように思われる。

3　同化政策とその矛盾

多くの移民を受け入れてきたフランスは、国籍法に関しては、フランスは血統主義だけでなく出生地主義をミックスした形である。それにはフランスの出生率の低下、両大戦での戦死者の数、さらには兵力要員の確保というねらいがあったと言われている。したがって多くのイスラム系移民の2世は、フランス国籍を持つ「正当な」フランス人である。母語もフランス語で、親の出身国に行ったことのない者も少なくない。

しかしその一方で移民の住居に関しては、前述のように大都市近郊の低家賃

住宅に集中し、「平均的」フランス社会から離れた社会空間に置かれている。同化のための重要な機関であるはずの学校は、社会に共有されている価値観、ここでいうなら共和国精神を伝達する重要な役割を担う制度なのだが、こうした地域は大半が移民出身者で占められる場合も少なくなく、フランス文化的アイデンティティが形成されにくい。さらに移民第一世代の出身地のことも知らず、親世代と同じ文化的アイデンティティをも持たない場合が多い。

だからといってフランスは、こうした地域や人たちを特別な枠で対応する方策に対して積極的ではない。フランスの同化政策は、異なる人種や宗教的コミュニティを同化せずにそのまま共存させるアングロサクソン的社会モデルとは違い、すべてに対して平等に扱うことが前提となっている。したがってマイノリティに対する「積極的格差是正」に対しては、フランスではむしろ否定的である。フランスの共和主義とは、すべての者に同じ法律を適用する社会を理想としている。憲法に明記されている「不可分」とは、例外を認めないという共和国精神の根幹をなしている。

フランスの例外を認めない同化政策はまた、中央に強力な集権体制が重要となる。とりわけ、革命以来の共和国の成り立ちの歴史からは、教育が国家的プロジェクトであったことが見て取れる。それはまた植民地時代のキーワードでもあった文明化の歴史とも呼応しており、竹沢が指摘するように「『文明』とは、現地の人間の言語や生活習慣を廃棄させ、それに代えてフランスが代表するヨーロッパ文明に「同化」させることをさしている」（竹沢 2001：69）という側面とも呼応する。しかし実際には、フランス植民地政策でも同化を押し進めるなかで大きな問題があったように、異なる文化やその背景にある異なる宗教的価値観を前にして「不可分」の理念は機能しきれていない。

5　EU拡大とフランスの移民問題の今後

1　東西ドイツ統一と移民問題

最後にドイツ統一とフランスにおける移民問題の関連について触れておこう。ベルリンの壁が崩れたのは1989年11月のこと。東の共産主義体制の崩壊の端

緒となり、その後東ヨーロッパ全域にその波が波及し、やがて冷戦時において東側陣営の本山でもあるソビエト連邦の崩壊をもたらした。この共産主義体制の崩壊は、アフリカにも少なからぬ影響を及ぼした。1960年代にイギリスやフランスから独立を果たした多くのアフリカ諸国は、冷戦状況下で勢力の拡大を狙うソ連の接近によって共産化していった。アフリカの専制的政治と一党独裁制の共産主義とが双方にとって都合よかったのかもしれない。

　たとえば、1960年8月にフランスから独立したコンゴ共和国は、独立時は現在と同じ国名だった。しかし、1963年に社会主義路線に舵を切り、外国系企業の国営化やフランス軍の基地も撤去するようになる。1968年には憲法を改正し、翌年には「コンゴ人民共和国」と国名を変更、国旗も共産主義のシンボルカラーである赤色を基調としたものとなった。しかし、ソ連の解体によって後ろ盾を失った共産化したアフリカの国々は、すでに悪化していた国の経済に追い打ちがかかり国家が破綻するような状況に陥った。そのなかで欧米からの経済援助に対する依存度が高まっていく。1990年代に入ると、経済支援をする欧米から一党独裁の政治体制が批判され、アフリカ諸国は民主化へと移行する。複数政党政治が導入され、民主選挙が実施されるようになっていく。ところが、国民レベルで民主主義教育が十分になされていないなかでの唐突な民主化の動きによって、それまで独裁政治のなかで押さえられていた民族的アイデンティティが政党結成と結びつき、多くの国で民族対立、内紛が起きるようになる。コンゴ共和国の例を見ると、1991年に共産主義を放棄し国名をコンゴ共和国に戻した。また国旗も現在の三色旗に変更し、1992年には民主選挙を行い初めて国民選挙によって大統領を選出した。しかし、もともとあった南北の対立がこの選挙でより表面化し、1993年や1997年に内戦となった。

　1989年に複数政党制を導入したフランスに近いアルジェリアでも、それまでの一党政治や経済破綻に不満を持つ多くの国民が、イスラム主義へ傾倒し、1991年の選挙ではイスラム原理主義政党が第一党となった。しかし翌年には軍部主導のクーデターによって政権が交代した。世俗主義とイスラム原理主義の対立が表面化し、国内情勢は不安定となり、内戦状態に陥り、約10万人の犠牲者がでる事態となった。そしてその間に多くの難民が地中海を越えてヨーロッ

パに亡命する。2010年の「アラブの春」と呼ばれたチュニジアの「ジャスミン革命」から始まる民主化の動きも、結局は北アフリカや中東から多くの移民をヨーロッパにもたらすことになった。

確かに、1990年代のアフリカにおける政治の不安定から引き起こされた難民の数は、20世紀のフランスの好景気による労働者不足でアフリカからの移民が増えた時代とは数的にははるかに及ばない。しかし、現在でも命をかけてまで地中海を渡り、ヨーロッパに辿り着こうとするアフリカからの移民が絶えない状況は、松本が指摘するアフリカの「押し出し圧」（松本 2008）が高まったことと決して無関係ではないだろう。その圧力は90年代の政変や内戦、経済悪化とも無関係ではない。また、経済の自由主義から海外の企業の利権争い、また貧富の格差の増大によって相対的貧困率も高くなり、同時に「押し出し圧」も一層高まっている。

「押し出し圧」によってヨーロッパを目指すアフリカの人たちのなかには、EU域内の自由な行き来を認めたシェンゲン条約によって、「EUのどこかにさえたどり着けば何とかなる」という思いから、アフリカにおけるヨーロッパの飛び地でアフリカとヨーロッパを分ける唯一の陸続きの国境であるセウタやメリリャといった都市を目指す者も少なくない。ヨーロッパ域内の自由な移動は、ヨーロッパとそれ以外を分ける広大な「国境」を作り出したと言えるだろう。

思えば、1884～85年のベルリン会議で欧州列強によるアフリカの分割が始まり、本格的な植民地統治の幕開けとなった。多くのアフリカの国が多民族国家であるのは、現地の民族分布を考慮しなかったヨーロッパの一方的な分割の結果である。それから約1世紀経って、そのベルリンにあった東西を分ける壁が崩壊することによって、巡り巡ってアフリカから多くの移民を受け入れる状態になったのである。歴史の因果と言えるかもしれない。

2　同化の二極化

フランスは他のヨーロッパの国に比べてイスラムに対する受け入れは寛容だと言えるだろう。エマニュエル・トッド（トッド 2016：239）によれば、1992年の混合結婚の率は、イスラム系移民のフランス社会への同化がうまく進んでい

ることを示していた。文化的に異なる人々が混ざり合っていくことが、20世紀の後半にかなりのスピードで進んでいったのである。フランス社会で活躍する移民も多く、サッカーのナショナルチームはよく移民同化の象徴として言われ、2016年のナショナルチームでも65％が移民を背景に持つ選手であり、それはヨーロッパで最も多い。また、「自分がアラブ系の配偶者を持つこと」に関しても、1984年の調査で50％が好意的でなかったのが、2010年には半分に減っている。また2014年にもイスラム教徒に対して72％が好意的に見ているといった調査結果も報告されている。

　しかし、その一方で昨今、イスラム系移民、ひいてはイスラム教に対するフランスの危機感が高まっているのも事実である。9.11のアメリカ同時多発テロ以降、イスラム原理主義に対する危機感は、それまでフランス社会に燻っていた国民戦線のプロパガンダのなかで言われる、治安や失業問題、またさまざまな日常生活のなかで可視化するイスラム教系移民に対する不満と重なってくるのである。さらにそこへ昨今、地中海を渡って押し寄せる難民に加え、シリアからの難民など、移民の多くはイスラム教徒が多く、ヨーロッパ全体にイスラムに対する懸念が広がっている。移民全体が過激なイスラムと見なすような風潮があり、「イスラモフォビア（イスラム嫌悪）」という表現まで生まれている。2014年の欧州議会選挙で移民排斥を訴える国民戦線が25％の支持率を得て第一党となったことが、その風潮を裏付けている。2015年には北アフリカやシリアから100万人以上が難民としてEU域内に流入している。難民のなかに紛れるイスラム過激主義者が引き起こすテロによって、「移民＝危険分子」という見方がますます高まっていく危険性がある。

　同化において二極化が進んでいるとも言える。もちろん、テロのような過激思想に走るものはごく一部であり、多くのイスラム教徒が善良な市民として生活している。ただ、彼らの居住地域と平均的フランス人世界の格差は、親や祖父母世代が持つ出自のアイデンティティも、フランスが培ってきた共和国精神のアイデンティティをも持たない多くの若者たちは、自分探しのなかでイスラムの過激な思想に影響を受けやすい状況にある。社会学者ブルデューのいう「文化資本」という観点からは「制度の同化」は進んでも、「文化の同化」は難

しい。そのことは植民地統治下ですでに経験済みなのである。

　グローバル化が進み、インターネットの広がりとともに、理念や価値観が物理的距離を乗り越えて共有される時代となってきた。「遠隔地ナショナリズム」はますます強くなるだろう。EUの拡大とともにキリスト教文化圏も拡大する。そしてそれがヨーロッパにおけるマジョリティの文化であるとともにスタンダード化されていく。そのなかでマジョリティ文化に同化できないイスラム系移民たちは文化的他者として、一括りにされ、疎外される危険性がある。エマニュエル・トッドは「今日ではすべてがあまりにも早く進みすぎたと考え、移民文化を一時的にある程度存続させ、活かしていく閘門のようなステップ、リトル・アルジェリアやモロッコ・タウンのようなものがあれば、多くの心理的な被害は避けられたのではないか」（トッド 2016：239）と指摘する。フランスの移民政策の転換期に来ているのかもしれない。

〔参考文献〕
池田賢市（2001）『フランスの移民と学校教育』明石書店
エラン，F.（2008）『移民の時代――フランス人口学者の視点』林昌宏訳、明石書店
梶谷孝道編（1993）『ヨーロッパとイスラム――共存と相克のゆくえ』有信堂
鹿島茂ほか編（2015）『シャルリ・エブド事件を考える――ふらんす特別編集』白水社
加藤博（2006）『「イスラム vs. 西欧」の近代』講談社現代新書
河村雅隆（1996）『フランスという幻想――共和国の名の下に』ブロンズ新社
ギャスパール，F. セルヴァン／C. シュレーベル（1990）『外国人労働者のフランス』林信弘監訳、法律文化社
竹沢尚一郎（2001）『表象の植民地帝国――近代フランスと人文諸科学』世界思想社
谷川稔（1997）『十字架と三色旗――もうひとつの近代フランス』山川出版社
谷川稔・渡辺和行編（2006）『近代フランスの歴史――国民国家形成の彼方に』ミネルヴァ書房
トッド，エマニュエル（2016）『シャルリとは誰か？――人種差別と没落する西欧』堀茂樹訳、文春新書
鳥羽美鈴（2012）『多様性のなかのフランス語』関西学院大学出版会
内藤正典（2006）『イスラーム戦争の時代――暴力の連鎖をどう解くか』日本放送出版協会
─── (2008)『ヨーロッパとイスラーム――共生は可能か』岩波新書
内藤正典・阪口正二郎編著（2007）『神の法 vs. 人の法――スカーフ論争からみる西

欧とイスラームの断層』日本評論社
内藤正典編（1996）『もうひとつのヨーロッパ——多文化共生の舞台』古今書院
中野裕二（1996）『フランス国家とマイノリティ——共生の「共和制モデル」』国際書院
西永良成（2002）『変貌するフランス——個人・社会・国家』日本放送出版協会
ネグリ，アントニオほか（2015）「シャルリ・エブド襲撃／イスラム国人質事件の衝撃」現代思想3月号臨時増刊号
畑山敏夫（1997）『フランス極右の新展開——ナショナル・ポピュリズムと新右翼』国際書院
平野千果子（2002）『フランス植民地主義の歴史』人文書院
——（2014）『フランス植民地主義と歴史認識』岩波書店
——（2015）「シャルリ・エブド襲撃事件とフランス——報道から考える現代社会」歴史学研究936号
ボベロ，J.（2009）『フランスにおける脱宗教性の歴史』三浦信孝・伊達聖伸訳、白水社
本間圭一（2001）『パリの移民・外国人——欧州統合時代の共生社会』高文研
宮島喬（2004）『ヨーロッパ市民の誕生——開かれたシティズンシップへ』岩波新書
——（2007）『移民社会フランスの危機』岩波書店
森千香子（2007）「フランスの『スカーフ禁止法』論争が提起する問い——『ムスリム女性抑圧』批判をめぐって」内藤正典・阪口正二郎編著『神の法 vs. 人の法——スカーフ論争からみる西欧とイスラームの断層』日本評論社
松沼美穂（2012）『植民地の〈フランス人〉——第三共和政期の国籍・市民権・参政権』法政大学出版局
松本仁一（2008）『アフリカ・レポート——壊れる国、生きる人々』岩波新書
山口昌子（2001）『大国フランスの不思議』角川書店
渡辺和行（2007）『エトランジェのフランス史——国民・移民・外国人』山川出版社
渡邉文彦（2004）『エスニシティでニュースをよむ』高菅出版

第6章　ヨーロッパの国際人権保障

関本　克良

1　人権の国際的な保障

1　国際連合と人権

　アメリカ独立宣言（1776年）やフランス人権宣言（1789年）など、基本的人権に関する思想は、18世紀後半に明文化された。しかし、当時の「人権」とは、成人・白人・男子の権利であって、植民地下にあるアフリカ・アジアの人々や女性の権利が平等に認められていた訳ではない。また、第二次世界大戦以前の国際法とは国家と国家の関係を規定したものであって、個人を扱う人権問題は国内問題とされ、個人の人権を国際的に保障する国際人権保障制度はまだ誕生していなかった。

　第二次世界大戦の悲惨さは、平和と人権の不可分性を改めて浮き彫りにした。1929年の世界恐慌を背景として、1930年代には、ドイツ、イタリアおよび日本において、個人の権利を否定し、極端な人種主義や国家主義を奉じる全体主義国家が現れた。これらの国々は、ユダヤ人虐殺や日本軍慰安婦などの大規模な人権侵害を、国内法制度では「合法的」に実行したのであった。つまり、人権を国内問題としたままでは、こうした人権侵害を放置することになる。人権保障に関する何らかの国際的な制度が必要であり、政府が定める法律によっても奪い得ない、至高の人権を国際的に保障する動きが強まった。

　第二次世界大戦が続いていた1941年、アメリカのルーズベルト大統領は「4つの自由（言論の自由、信教の自由、欠乏からの自由、恐怖からの自由）」を尊重した新しい世界秩序の構築を訴えた。この主張が枢軸国（ドイツ、イタリア、日

本)と戦うことを約束した1942年1月の「連合国宣言」で確認された。そして、戦後世界の平和を構築する国際連合（国連）は、基本的人権の擁護をその目的の1つに含んで誕生した。人権問題を国内問題とし、国際法では扱わないという伝統的国際法の立場は国連憲章によって大きく変わっていった。

2　国際人権章典（世界人権宣言と国際人権規約）

　国連憲章には「人権及び基本的自由」という文言があるだけで、人権の具体的内容は示されていなかった。そこで、国連の人権活動を促進するため、1946年に経済社会理事会に人権委員会が設置された。人権委員会は、法的拘束力がある具体的人権規定とその実施・監視システムを定める国際人権章典の起草作業を始めた。

　従来の国際法は、国家と国家の紛争を主に処理してきた。しかし、人権問題とは通常国家と個人、個人と個人の間の問題を扱う。国家が国内の個人の人権を保障する義務を誠実に果たすために、国連が各国の人権状況を監視する仕組みを作らなければならなかった。時間的な制約のために、(i)人権の具体的内容を示す宣言（世界人権宣言、1948年）(ii) 法的拘束力を有する規約（二つの国際人権規約、1966年）(iii)効果的な実施システム（人権の監視システム）に分けて作業が進められた。

(i) **人権とは何かを示す「世界人権宣言（1948年）」**　人権概念の具体的内容を示すために、1948年12月10日に世界人権宣言が採択された。人権に関する様々な考え方を含む、豊かな内容をもつ文書に仕上がった。宣言の前文に、人権が「世界における自由、正義および平和の基礎をなす」こと、つまり世界秩序の基本原理であることを確認したうえで、宣言が定める人権を「すべての人民とすべての国とが達成すべき共通の基準」の総体として初めて明らかにした。人権の具体的内容を初めて示した点で、世界人権宣言の重大な意義は計り知れない。世界人権宣言は「宣言」であるため法的拘束力はない。しかし、戦後多くの国が憲法に宣言を取り入れており、国連人権活動で最も頻繁に宣言が引用され、宣言そのものを国際慣習法にするべきだという意見もある現在、世界人権宣言は普遍的価値をもち、その法的拘束力を積極的に認めようとする声は強い。

(ii) **法的拘束力をもつ２つの国際人権規約**　人権委員会は、宣言の採択直後から国際人権規約の起草にとりかかった。ここで議論になったのが自由権と社会権の２つの人権概念である。個人主義・資本主義を代表する西側諸国（イギリス、アメリカなど）は思想・信条の自由、表現の自由を中核とする自由権（国家の管理・干渉からの自由）を強く主張し、社会主義・共産主義を代表する東側諸国（ソ連、中国など）は、生存権、教育、保健医療の権利、社会保障と労働の権利を中核とする社会権（国家に給付を要求する権利）を強く主張した。やがて自由権と社会権を２つの規約に分けて制定することになり、1966年に採択され、1976年にようやく発効した。社会権規約（A規約：経済的、社会的及び文化的権利に関する国際規約）と、自由権規約（B規約：市民的及び政治的権利に関する国際規約）である。

社会権規約と、自由権規約では、締約国に対する法的拘束力（締約国の義務）に違いがある。社会権規約の締約国の義務（第２条１項）は、規約が定める人権の達成を「漸進的に達成する」義務と規定している。社会権の性格が、国家の経済発展の度合によって達成できる段階が異なることを考慮して、漸進的に達成する義務とした。これによって個人の権利としての社会権は法的拘束力が過小評価される傾向にあり、日本においても国内裁判で裁判規範としての適用例がほとんどない。

一方、自由権規約の締約国の義務（第２条１項）では、規約が定める人権の達成を「尊重し及び確保する」即時的義務を負うと規定されている。自由権の性格が、国家の経済発展の度合に関係なく、国家が国民の人権・自由の侵害を排除することは即時達成が可能であると考えられている。よって、自由権規約は、社会権規約と比較して法的拘束力が強い人権条約であり、日本においても国内裁判で裁判規範としての適用例がある。

次節で述べる欧州人権条約は自由権的基本権の保障を中心として制定されており、生命・身体の自由、思想・良心の自由、表現の自由といった自由権の規定が中心であり、教育、保健医療の権利、社会保障・労働の権利などの社会権の規定は、部分的にしか含まれていない。

(iii) **国際人権条約と各国の批准状況**　上記に述べた、人権の具体的内容を示

す世界人権宣言（1948年）と、人権に関する法的拘束力を有する2つの国際人権規約（1966年）を合わせて国際人権章典と呼んでいる。国連では、これに加えて個別の人権分野（女性、子ども、人種差別、拷問、障害者）ごとに条約や宣言などの文書を制定してきた。それらは「人種差別撤廃条約（1965年採択）」「女性差別撤廃条約（1979年採択）、同選択議定書（2000年採択）」「拷問等禁止条約（1984年採択）、同選択議定書（2002年採択）」「子どもの権利条約（1989年採択）、同選択規定書（2000年採択）」「移住労働者権利条約（1990年採択）」「障害者権利条約（2006年採択）、同選択議定書（2006年採択）」「強制失踪条約（2006年採択）」などである。こうした分野別人権条約を中心として国連の人権条約体制が形成されている。

　上記の分野別の人権条約は条約に追加された選択議定書を含めて主要な条約が2016年時点で18条約存在する。国連人権高等弁務官事務所（OHCHR）のホームページによると、2016年8月現在、主要人権条約の各国の批准状況（批准条約数）は、アメリカ（5）イギリス（13）フランス（17）ロシア（11）中国（8）韓国（11）日本（10）ドイツ（16）イタリア（17）カナダ（12）トルコ（15）となっている（下線は欧州人権条約加盟国）。

　ロシアやトルコが比較的多くの人権条約を批准していることは、欧州人権条約を批准している事実と無関係ではないだろう。次節で述べるが、欧州人権条約は国連が定めた他の人権条約よりもより実効性の高い、締約国をより強く拘束する人権保障の実施措置を備えているからである。

3　国際人権法の実施措置

　国際人権法が定める人権基準を国際的な枠組みで保障する「人権の監視システム」は、国内的な実施と国際的な実施の2通りがある。

　(i)　**国内的実施措置**　　国際人権法の国内的実施とは、国際人権法を国内法の体系に組み入れることを言う。その方法として、まず国際人権法を実現するために必要な国内法を新たに制定すること。そして、国際人権法を直接国内裁判に適用させることである。日本のこれまでの例でも、条約の締結に当たっては既存の国内法との整合性をあらかじめ確認した上で、必要な法改正を行うこと

が一般的である。たとえば、女子差別撤廃条約の締結に当たっては、男女雇用機会均等法の制定や、国籍法の改定が行われた。その他、国内法の制定・改正が不十分な場合には国内裁判所が国際人権法を直接裁判に適用させる「直接適用」か、もしくは、国際人権法に基づいて国内法を解釈する「間接適用」かなどの国内裁判の機能が期待される。また、裁判所や政府とは独立した国内人権機関を設置して、国際人権法に基づいて調査や救済を行うことも重要である（阿部 2009：19）。

(ii) **国際的実施措置**　国際人権法が各国で実現されているかを国際的に監視し、もしある国で効果的に実現されていない場合に人権実現に向けて政府を促すのが国際的な実施措置である。国際的に実施するシステムは、国連憲章基盤システム（Charter Based Bodies）と、国際人権条約基盤システム（Treaty Based Bodies）の２つに分類できる。

国連憲章基盤システムは、2006年以降は国連人権理事会による普遍的定期審査（UPR: Universal Periodic Review）が中心であり、UPR では５年毎のサイクル（１st サイクル：2008-2011／２nd サイクル：2012-2016）で国連加盟国すべての国の人権状況の審査が行われ、各国が締結した人権条約の実施状況を踏まえて包括的な審査が行われる。

日本は UPR のために人権報告書を提出して2008年に第１回、2012年に第２回審査を受けている。UPR 以外にも、人権理事会の通常審議の中でテーマ別や国別の特別手続きがある。特別手続きとは、人権理事会の下部機関であり、個別の人権問題を協議する作業部会や、特定の人権問題の研究を任命された特別報告者が、NGO や被害者個人から通報される情報を活用して人権侵害に対処する手続きである（阿部 2009：79-85）。

次に、人権条約基盤システムについて説明する。人権条約は、単に人権に関して定めているだけでなく、条約の締約国が条約の規定を遵守しているかを国際的に監視する仕組みを定めた条約でもある。国際人権条約の規定に基づく人権監視システム（Treaty Based Bodies）には主に(a)報告制度、(b)国家通報制度、(c)個人通報制度、(d)調査制度がある（阿部 2009：88-90）。

(a)　**報告制度**　条約の締約国が、条約に規定された人権の尊重と人権を確

保する義務をどのように履行しているかについて、定期的な報告書を条約機関に提出し、それを条約機関が検討する制度。人権条約のすべてがこの報告制度を採用しており、人権条約基盤システムの中心的な仕組みである。

　(b)　国家通報制度　　締約国が条約に基づく義務を履行していない場合に、他の締約国がその問題を条約機関に通報し、条約機関が審査する制度。この制度を採用するかどうかは主に各国の判断に委ねられているため任意的制度である。一般的に、人権問題が発生していても外交上の配慮が優先されることが多く、実際にはほとんど機能していない。

　(c)　個人通報制度　　個人通報制度とは、具体的には国内司法機関において、最高裁判所で敗訴することで国内での法的救済の道が絶たれた後、敗訴した個人が、人権条約への違反に関して審査を申立てることができる制度である。これによって、最高裁判所の判決を否定するような意見が示される場合がある。こうなると、国際人権法の人権基準がより実効的に国内法制度へと浸透していくことになる。個人が国際法に基づいて国際的人権機関に直接訴えることができるため、国際人権法の国内実施や、人権救済を図る上では大変有効な制度である。この制度は、人権条約の中にすでに規定している場合と、選択議定書として特に別の条約を批准する仕組みとがある。国連が定める人権条約上の個人通報制度を認めるかどうかは、主に各国の判断に委ねられている。日本政府は全ての人権条約に関して個人通報制度を全く採用していないため、日本に住む者にはこの権利が認められていない。

　欧州人権条約を批准している47カ国において、個人が欧州人権裁判所に人権侵害の申立てを行う権利が認められている。欧州人権裁判所には2015年だけで実に4万件以上の個人通報が申立てられている。自由権規約の個人通報制度の件数は2012年で333件であった（Pillay 2012：19）ので、欧州人権裁判所への個人通報件数は圧倒的な多さである。欧州人権条約の主要な人権保障システムはこの個人通報制度であると言える。

　(d)　調査制度　　法律家や国連NGOからの信頼できる情報に基づき、条約機関みずからのイニシアチブにより行われる、現地調査を含む手続き。人権条約の中にすでに規定している場合と、選択議定書として別の条約を批准する仕

組みとがある。

4　国際人権法と個人通報制度

　国際人権法を含む近代国際法の中心的な主体は国家であり、個人や私的な団体は国際法の主体とはなりえないと、しばしば主張されてきた。しかし、第一次世界大戦後、国際連盟の登場によって、個人もまた国際法の主体となりうるという主張がなされるようになり、今日では個人にも国際法主体性が認められるとするのが通説になっている。国際法が個人に対して国際機関に訴える資格を認めている場合があるため、国際法が直接個人に対して権利を認めていることはきわめて明白である（田畑 1990：66）。

　個人の国際裁判所への出訴権を認めた最初の例は、1907年の第二回ハーグ平和会議で署名された「国際捕獲審検所設置に関する条約」であって、海上捕獲の対象となった個人は、国内の捕獲審検所の検定に不服がある時に、国際裁判所（国際捕獲審検所）に直接出訴しうることが認められた。第二次世界大戦後の例では、欧州石炭鉄鋼共同体（ECSC）条約第33条などが、裁判所に対する個人の出訴権を認めている。ECSC の同裁判所は、現在の EU 司法裁判所であり、EU 機能条約の規定によって、EU 諸機関による立法や行政行為の適法性を審査する取消訴訟の手続きの中で、個人が訴訟を提起することが認められている（庄司 2013：158-159）。

　次に、裁判所への出訴権ではないが、個人が国際組織に対して請願または申立てを行う権利を認めている場合がある。代表的なものとして、1966年に国連総会で採択された「市民的及び政治的権利に関する国際規約第一選択議定書」は、個人が規約によって設置される人権委員会（Human Rights Committee）に申立てをする権利を認めている。また、1950年に欧州審議会によって採択された欧州人権条約、1969年に米州機構が採択した米州人権条約、1981年にアフリカ統一機構が採択した「人及び人民の権利に関するアフリカ憲章（バンジュール憲章）」などの地域的人権保障機構においても、それぞれ個人が国際機構に対して人権侵害についての申立てを行うことを認めている（田畑 1990：68-69）。

　国連が定めた自由権規約等の個人通報制度は、裁判所ではなく、条約によっ

て創設された規約人権委員会への申立て制度であり、かつ委員会の最終見解は法的拘束力を有するものではなく、厳密な意味での司法的救済制度とは言えない。米州人権条約も同様に、個人が人権委員会に対して請願することを認めているが、個人が米州人権裁判所に対して出訴することを認めていない。

これに対して、EU司法裁判所は、EUの司法機関であり、EUの立法や行政行為に対して個人が取消訴訟を起こす権利を認めている。しかし、この制度はEUの行為に対する取消訴訟であって、締約国による人権侵害を訴えるような人権保障の制度ではない。その意味で、欧州人権条約は個人の人権侵害事件に関して、欧州人権裁判所に出訴する権利を認めているので、世界に類を見ない国際的人権保障システムであると言えるだろう。

2　欧州人権条約と個人通報制度

1　欧州人権条約の個人通報制度

欧州人権条約は、世界人権宣言の理念に基づいて、国際的なレベルで人権の実効的な保障を目指す条約・制度として、世界で最も完成された人権モデルを示している（スュードル 1997：1）。その大きな特徴として、先に述べた通り、欧州人権条約が個人に対して裁判所を通した司法的救済制度を提供していることが挙げられる。第14議定書により2010年に改訂された欧州人権条約第34条（個人申立て）は「裁判所は、この条約又は条約の議定書に定める権利がいずれかの締約国によって侵害されたと主張する個人、非政府団体又は個人の集団からの申立てを受理することができる。締約国は、この権利の効果的な行使を何ら妨げないことを約束する」と規定している。

(i) **年間4万件を超える個人通報とその審査**　国連人権高等弁務官の Pillay 氏（2012年現在）によると、国連の制定した国際人権条約の委員会において継続審議となっている個人通報案件は2000年で214件、2012年に478件あった。2012年の478件を条約別にみると、自由権規約委員会が333件、拷問等禁止条約が115件である。申立てから最終決定が出されるまでの平均時間は、自由権規約人権委員会で3年半、拷問等禁止条約で2年半、女子差別撤廃条約で2年ほどかか

ると言われている（Pillay 2012: 19）。

　これに対して、欧州人権裁判所に対する新規の申立て件数は、2015年で4万600件であった。これに加え、2014年時点で、未処理の案件が6万9900件たまっており、そのうち4926件が2015年中に処理されたため、2015年度に合計で4万5576件の申立てが司法的手続きで処理されたことになる。未処理案件は、2011年に15万件を超えており、裁判所が処理する能力を大幅に超える申立てがなされていることが分かる。この未処理案件は2015年末には6万4850件まで処理された（ECHR 2016a: 4）。

　(ii)　**申立ての受理可能性の審査**　　2015年度に処理された4万5576件の申立てのうち、受理可能性に関する審査によって4万3135件の申立ては事件目録から削除されている。申立ての受理可能性の審査の基準は、人権条約上の規定によって定められている。裁判所は以下の場合には申立てを受理することができないと宣言する。それらは①当該申立てが条約または議定書の規定に抵触しているか、明白に根拠を欠いているか、または個人の申立て権の濫用である場合②申立て人が相当の不利益を受けていない場合である。

　個人申立ての受理可能性審査は、①単独裁判官による法廷②3人の裁判官からなる委員会（Committees）③7人の裁判官からなる小法廷（Chambers）のそれぞれの法廷が個別に受理可能性を審査することができ、受理できないと判断した場合には事件目録から削除する決定を行うが、この決定は最終なものとされる。2015年度の統計では、4万5576件の申立ての内、司法手続きで判決が出された申立ては2441件、受理できないと判断されて事件目録から削除された申立てが4万3135件である。その内、単独裁判官による削除の決定は3万6314件であり全体の8割以上を占めている（ECHR 2016a: 6）。

　(iii)　**受理されなかった申立てへの対応**　　2015年度の場合、申立て件数の中で9割以上の申立ては受理されずに事件目録から削除されている。しかし、事件目録から削除された申立てには司法手続き以外の解決方法も用意されている。2015年度では、事件目録から削除された3万6314件の中で、人権侵害で訴えられた関係締約国との調停による①友好的解決（Friendly Settlement）で解決された申立て件数が1658件あった。また、関係締約国との調停による友好的解決が

不調に終わった後で、調停は成立していないにしても、ただ申立て人が納得するために、締約国が条約違反を認める形で一定の賠償を行うことを②一方的に宣言する手続き（Unilateral Declarations）によって、2970件が解決されている。両者を合わせると4628件であり、司法手続きで判決が出された申立て件数（2441件）を大きく上回っている（ECHR 2016a: 4）。

2015年末時点で未処理案件となっている6万4850件の内、国別の申立て件数の内訳は、最も多い申立てがウクライナに対する申立てで1万3850件、次いでロシアに対する申立てが9200件、さらにトルコが8450件、イタリア7550件、ハンガリーが4600件、ルーマニアが3550件となっている（ECHR 2016a: 8）。

ドイツの場合、2015年の新規申立ては789件あり、前年度までの未処理分も含めて、事件目録から削除された件数が901件、締約国と調停された件数が23件、判決が言い渡された件数が12件であった（ECHR 2016b: 1）。

2　欧州審議会による判決と執行監視機能

(i) **欧州人権裁判所による判決**　欧州人権裁判所の判決は大法廷、小法廷によって判決される。条約第46条では「1締約国は、自国が当事者であるいかなる事件においても、裁判所の最終判決に従うことを約束する」と定めている。最終判決は欧州審議会の閣僚委員会に送付され、閣僚委員会が締約国が判決に従うように監督することになっている。このように、個人申立てに対する最終判決は、人権条約によって法的拘束力が与えられており、欧州審議会が裁判所の判決の履行を監督する仕組みになっている。

(ii) **欧州審議会による監視機能**　欧州審議会の閣僚委員会は、人権裁判所の判決の執行を監督する。閣僚委員会は2001年1月に採択した執行監視機能の手続き規則に従って、①確定判決が閣僚委員会に送付されると、当事国は、判決履行のためにとった措置について閣僚委員会に通報するよう求められ、②閣僚委員会は受け取った通報を審査し、当事国が「公正な満足」に基づく金銭賠償を支払ったか、違反状態の終了と被害者に対して原状回復をはかる個別救済措置をとったか、再発防止や継続的違反を終了させる一般的救済措置をとったかについての判定を行う。そして③当事国がとることを求められた一般的措置に

ついて、閣僚委員会で討議する。④閣僚委員会は、当事国による判決の執行状況の情報提供、執行に関する勧告などに関する暫定決定を採択する。⑤最終的に当事国がすべての措置をとったと確認すれば、閣僚委員会の監視機能が遂行された旨の決議を採択する（前田 2010：42）。

　さらに、2010年の改定によって、判決履行監視措置が強化されており、当事国が判決を履行しない場合には、閣僚委員会が当事国を判決不履行訴訟として人権裁判所に提訴できるようになった。そこで、人権裁判所が当事国の判決不履行に関して条約違反を認定した場合に、当事国に対してとるべき措置について検討するよう閣僚委員会に事件を付託することになっている（前田 2010：45）。その上で、閣僚委員会が利用し得る最終的な措置は、欧州評議会規程8条によって、当事国に対して閣僚委員会での投票権の停止、または欧州評議会からの除名である。しかし、これは極端な措置であり大部分の場合、生産的な措置ではないと分かっている（前田 2010：46）。よって、閣僚委員会が判決不履行訴訟で当事国を提訴すること自体が、判決の不履行に対する新たな警告となり、当事国が判決を執行するよう誘引するものである。

3　EU法と欧州人権条約との制度的パラレリズム

1　EUと欧州人権条約

　2016年7月現在、欧州人権条約の締約国は47カ国で、アルバニア、アンドラ、アルメニア、オーストリア、アゼルバイジャン、ベルギー、ボスニア・ヘルツェゴビナ、ブルガリア、クロアチア、キプロス、チェコ、デンマーク、エストニア、フィンランド、フランス、グルジア、ドイツ、ギリシャ、ハンガリー、アイスランド、アイルランド、イタリア、ラトビア、リヒテンシュタイン、リトアニア、ルクセンブルク、マルタ、モルドバ、モナコ、モンテネグロ、オランダ、ノルウェー、ポーランド、ポルトガル、ルーマニア、ロシア、サンマリノ、セルビア、スロバキア、スロベニア、スペイン、スウェーデン、スイス、マケドニア、トルコ、ウクライナ、イギリスである。下線部を引いている国は、EU加盟国の28カ国（イギリスを含む）である。このように、欧州人

権条約の加盟国は、EU の全加盟国を含んでおり、さらに EU に加盟していないロシア、ウクライナ、トルコなども批准している。また、欧州人権条約を批准している締約国は、全て欧州審議会の加盟国でもある。

ソ連崩壊後、ロシアは1996年に欧州審議会の加盟国となり、1998年に欧州人権条約を批准している。トルコは1949年に欧州審議会の加盟国となり1954年に欧州人権条約を批准している。つまり、欧州審議会の47加盟国は自動的に欧州人権条約を批准しているのである。このことは、欧州人権条約による国際人権保障の枠組みは、EU ではなく欧州審議会を基盤として成立していることを意味している。ヨーロッパの国際人権保障の枠組みは、欧州審議会と EU の 2 つの枠組みを個別に捉える必要がある。

(ⅰ) EU と欧州人権条約における国際人権保障の二極分化　戦後の冷戦を背景として、ヨーロッパでは共産主義に対するイデオロギー防衛のために人権保障が主張されてきた。欧州人権条約とは、世界で最初に制定された国際人権条約であり、世界人権宣言が採択された1948年の 2 年後、1950年に署名されている。

ところで、欧州人権条約とは欧州審議会が中心となって採択した国際人権条約であり、今日 EU のすべての加盟国が同条約を批准しているとしても、あくまでも EU 法に基づく人権保障制度ではないことに留意する必要がある。そして、EU はその条約体制の中に長らく人権規定を含んでこなかった。実際に、EU の発展過程と欧州人権条約との関係は、単純に前者が後者を「共同体の一般原則」という形で取り込んできたという面だけでは十分に把握できない。両者はそれぞれの関心領域を守りながら、独自性を維持し、さらに相互に利用してきたと考えられている。こうした状態を、欧州における人権保障体制の二極化（パラレリズム）と呼ぶことがある（小畑 2014：16）。

具体的には、欧州人権条約と欧州人権裁判所を管轄する欧州審議会（加盟国47カ国）と、EU 司法裁判所を管轄する EU（欧州連合・加盟国28カ国）との間に、人権保障の仕組みに関する二極化が認められる。欧州人権条約と一体的に存在する欧州審議会では、経済的・政治的統合こそ EU には及ばないが、欧州人権条約を基本権保障の柱として、47カ国の間で国際的人権保障の枠組みを確立してきた。47カ国の中には当面 EU に参加することが予定されていないロシ

アやウクライナ、トルコなどが含まれており、加盟国の総人口は8億人を超えている。

(ii) **欧州審議会と欧州人権条約の成立**　欧州審議会の基本法となる1948年2月のブリュッセル条約前文には、締約国の「共通の継承財産」として「民主主義的諸原理、政治的および個人的自由、憲法的伝統ならびに法の支配」が謳われていた。同条約の枠組みで起草された欧州審議会規程は、同前文で「共通の継承財産」が受け継がれている。そこでは、加盟条件としての法の支配と人権を規定し、加盟国の権利停止と除名規定を含んでいた。このように、初期段階における欧州統合の制度構築においては、共産圏に対抗する民主主義のシンボルとしての基本権（人権）規定を含む形式が構想されていた。

しかし、この欧州審議会規程の起草過程において、実際には中央集権を嫌い、政府間協力的な国際組織の成立を志向するイギリスと、連邦主義的統合を志向するフランスの間で意見が割れていた。最終的に審議会の目的を「加盟国間に一層の統一を達成する（同規定第1条）」こととすることが、両者の折衷的な妥協点となった。欧州審議会が1949年8月に発足すると、国際的枠組みでの基本権保障の構想を進めるために、欧州人権条約の作成作業が開始され、1950年11月に世界で最初の国際人権条約として採択されている。欧州人権条約の起草過程では、連邦主義的統合に反対する主張もあって、人権裁判所の設置自体が厳しい対立点となり、人権裁判所自体は8年後の1959年にようやく発足している。

ドイツを超国家的ヨーロッパに埋め込もうとするフランス的な連邦主義的統合が優位であったなら、欧州審議会が欧州統合のセンターとなり、欧州人権条約は統合の基本文書になっていたかもしれない。しかしそれは、現実とはならなかった。連邦主義的統合構想は、1953年3月のEPC（欧州政治共同体）条約草案において最高潮に達したが、この草案では、前文で「人間の尊厳、自由および基本的平等」が確認され、「加盟国における人権および基本的自由の保護に貢献すること」をEPCの目的の冒頭に掲げ（第2条）、欧州人権条約とその第一選択議定書の規定は、EPC条約の不可分の構成部分である、と規定した（第3条）。EPCと同時に構想されたEDC（欧州防衛共同体）構想が、フランス

議会によって拒否された1953年8月以降、この連邦主義的統合の流れが大きく挫折し、その後、1958年に発足した欧州経済共同体（EEC）設立条約では、本文はもとより前文においても、人権や法の支配という連邦主義的統合のシンボルは削除されていた。

　EEC条約の「ヨーロッパの諸人民の間に絶え間なく緊密化する結合の基礎を打ち立てる（前文）」という、EECが目指す欧州統合の包括的な目的を考慮するならば、同条約および前文からも「人権」の文言が削除されたことは意図的であると言われている（小畑 2014：19）。急進的な連邦主義的統合を進めようとしたEPC、EDCの挫折の後であっただけに、EEC条約では連邦主義的統合を連想させるような文言は避けなければならなかった。1958年のEEC条約起草の段階からすでに、連邦主義的欧州統合を目指す欧州審議会と欧州人権条約の立場と、政府間主義的・機能主義的な欧州統合を目指すEC・EU制度と、EU司法裁判所の立場の違いが浮き彫りになっている。

　このように、ヨーロッパにおける国際的人権保障の枠組みは、欧州審議会とEUとの間で二極分化している。ただし、基本的な流れの上では、EUが欧州人権条約を基本権保障の仕組みとして採用することになっている。特に2009年のEU条約（リスボン条約）によって、EUが欧州人権条約に加盟することが定められている。リスボン条約第6条【基本権保障】では、第1項でEUが2007年に採択された「EU基本権憲章」に定める権利、自由および原則を承認することを定め、第2項で、EUが「欧州人権条約に加入する」と定めている。しかし、2016年8月現在、EUはいまだに欧州人権条約に加入していない。ここには、欧州人権条約が欧州審議会による判決履行監視機能を有している中で、人権条約の加入団体としてのEUの権限の在り方が問われており、EU関連条約の調整がいまだに完了していないためである。

2　EUによる人権政策

(i) **EU法と基本的人権**　EUが超国家的な法秩序を形成しているにも関わらず、基本権目録を有していなかったことは、EU法と国内憲法のどちらが優先されるべきなのかという問題と関係している。すでに1950年代から、EU司

法裁判所は加盟国の国内憲法に基づく基本権侵害の申立て（Stork 事件：1959、および Nold（Ⅰ）事件：1960）に直面したが、EU 司法裁判所は国内法を適用する権限はないとして退け、実質的審理を行わなかった（庄司 2013：317）。この頃には未だに EU 法の国内法に対する優越性の原則が確立していなかったために、基本権保護の問題を回避したものと考えられる。しかし、その後の判決（Van Gend 事件：1963および Costa v ENEL 事件：1964）の中で EU 司法裁判所は、EU 法の直接効果および国内法に対する優越性の原則を確立したことにより、EU 司法裁判所が基本権保護という問題に直面することになる。さらに、その後の判決（Stauder 事件：1969）において、基本権が EU（EC）法の一般原則に含まれており、かつ「当裁判所によって保護される」と述べた。しかし、その後の判決（Internationale Handelsgesellschaft 事件：1970）において、司法裁判所は基本権の保障を EU の枠内で確保しなければならないと判示したことに対し、本件を付託したドイツの行政裁判所はこれを不服として、EU に「成文憲法がないかぎり、国内の基本原則が遵守されなければならない」として、同事件をドイツ連邦憲法裁判所に付託する決定を行った。このような経緯を経て、EU 司法裁判所は、EU 法の枠内に基本権規程を設ける必要性に迫られ、先に国連が定めた国際人権条約を引用し、後に欧州人権条約を引用するようになった。1996年のＰｖＳ事件で、EU 司法裁判所が欧州人権裁判所の判例法に直接言及したのを契機として、その後も欧州人権裁判所の判例法を引用するようになったのである（庄司 2013：318）。

(ⅱ) **EU 基本権庁の活動**　　1998年に EU は欧州人種主義・外国人排斥監視センターを設置した。センターの目的は、EU と加盟国が人種主義、外国人排斥あるいは反ユダヤ人主義といった問題に対応する情報を収集・分析することにある（山本 2011：49）。現代欧州では、移民、ユダヤ教徒、ロマ等への差別が根強く、しばしば暴力事件にもつながる。また、テロの惨害はイスラム系市民への嫌悪感を高めている。こうした条項に対して、監視センターは関係する情報を収集し、情報ネットワーク設けて運営している。センターは人種主義や外国人排斥問題に関する様々な報告書を作成し、ウェブサイトに公表している。

　2003年に、上記の監視センターが EU 基本権庁として設置されている。基本

権庁の目的は、EU諸機関に対して基本権を十分尊重する支援を行い、専門的知識を提供することを目的としており、人権侵害に対して強制的な権限を有する機関ではない（山本 2011：71）。

(iii) **EU基本権憲章**　2000年にEUは「EU基本権憲章」を「厳粛に宣言」している。採択された条約ではなく、宣言された文書であるために法的拘束力を与える試みがなされ、2009年のEU条約（リスボン条約）第6条【基本権保障】によって、EUが基本権憲章を採択し、同憲章をEU条約、EU運営条約と同等の法的価値あるものと定めた。これにより同憲章は法的拘束力を有するEUの基本権憲章となっている。

ただし、同憲章が法的拘束力を有するからといって、EU法の枠内で人権の強化や救済に直結するかどうかは明白ではない。たとえば同憲章の本文において、同憲章は従来のEUの権限や任務を変更しないと述べている。憲章第51条2では、この憲章が「連合法の適用分野を拡張するものでもなく、連合に何らかの新しい権限又は任務を創設するものでもなく、また両条約において定められた権限及び任務を修正するものでもない」と定めている。こうした規定をそのまま理解すれば、同憲章の規定はあくまでも既存のEU法の枠組みの中で目指される基本権の範囲を拡張するものではなく、新たな人権保障の制度を創設するような、現状変更を促す潜在性は見出せないのである（山本 2011：199）。

(iv) **EU司法裁判所の取消訴訟と個人**　EU司法裁判所は、個人に対して、EU諸機関の行為に対する取消訴訟の提訴を認めている。EU条約263条【取消訴訟】では、EU司法裁判所に、EUの諸機関が行った行為に対する合法性を審査することを認めている。その上で、個人が自己に向けられたEU機関の行為に対して、行為の合法性に関して訴訟を提起することができると定めている。しかし、基本権保障としては、EU域内に暮らしている個人が、EU加盟国によってその権利、自由を侵害された場合に、EU自体が人権侵害に対する救済措置を提供する仕組みが必要である。このような国際的人権保障の仕組みは、EU司法裁判所は有していない。このため、EUが基本権保障を実効的に行うために、欧州人権条約に加入することを選択したのである。

3 EUの欧州人権条約への加入

 前述の通り、2009年に発効したリスボン条約によって、EUが欧州人権条約に加入することが決まっている。この問題に関して、EUと欧州人権条約・欧州人権裁判所（欧州審議会が主管）とが別組織であることを理解していなければ、なぜEUが欧州人権条約に加入する必要があるのか、またその問題点について理解することができないだろう。ヨーロッパの人権保障を考える上で、今日この問題が最大の焦点であるといっても過言ではない。

 従来、EUはその行為に対してEU司法裁判所による合法性の審査に服するのみであった。しかし、EUが欧州人権条約に加入するということは、欧州人権条約の締約国と同様に、EUの行為が欧州人権条約違反の人権侵害として申立てられることになるからである。しかも、欧州人権条約の加盟国はウクライナ、ロシアなど、EU加盟国以外の多くの国を含む47カ国あり、総人口は8億人を超える。EUを超えた「より大きなヨーロッパ」の枠組みでEUの行為の合法性が審査されることになるのである。

 すでに長い間この問題でEU法の調整作業が進んでいる。2016年現在、いまだに加入が実現していない。しかし、前節で述べた通り、EU法が基本権保障の枠組みを有していない上に、EU司法裁判所が欧州人権裁判所の判例法を引用して基本権保障を実現している現状を考えれば、EUが基本権保障の安定した制度を確立するためにも欧州人権条約への加入は避けられないだろう。ただし、これには多くの課題が予想される。

(i) **EU司法裁判所との関係性**　EUの司法機関であるEU司法裁判所の位置づけはどうなるであろうか。EUが欧州人権条約に加入すれば、EUが欧州人権裁判所の監督に服することになる。こうなると、EU司法裁判所の管轄権と欧州人権裁判所の管轄権が抵触することになるのではないか。この点では、基本的には現状のEU司法裁判所の管轄権が維持される可能性が高い。EU条約第19条1項では、EU司法裁判所がEU法についての究極的な拘束力を有する解釈及び管轄権を有することが規定されている。この管轄権が奪われることはなく、欧州人権裁判所がEUの「法令行為」を「破棄する権限」はもたないとされている。欧州人権裁判所はEUを監督する上級裁判所ではなく専門的裁判

所とみなされることで、EU 司法裁判所の管轄が侵害されることはない（庄司 2013：341-342）と考えられている。

(ⅱ) **EU が人権侵害で申立てられる可能性について**　欧州人権条約は締約当事者の行為が条約に違反する場合には、他の締約当事者と個人から条約違反の申立てを受け付けている。EU がこうした条約違反によって訴えられることがあるだろうか。基本的にはこの点でも EU の自律性が保たれることになりそうだ。EU 機能条約第344条では、EU 法の解釈や適用に関する問題は、EU 法の規定以外の解決方法に委ねないことを規定している。さらに、EU の人権条約への加入に関する議定書では、EU の加入は上記第344条に影響を及ぼしてはならないと規定していることにより、従来通り、EU 法の解釈や適用に関する問題は、EU 法の規定で解決されることになる（庄司 2013：342）。

EU は人権条約への加入において、EU 法の自律性を確保しつつ基本権保障の体制を確立する方針で臨んでいる。しかし、本来の意味での基本権保障とは、各国の憲法秩序と同様、自らの行為が基本的人権の侵害に当たるかどうかを司法機関から監督されなければならない。この意味では、EU の自律性と同時に、基本的人権の侵害に関して、独立した司法機関の監督に服する体制の構築が望まれている。

〔参考文献〕
阿部浩己ほか（2009）『テキストブック国際人権法〔第3版〕』日本評論社
小畑郁（2014）『ヨーロッパ地域人権法の憲法秩序化』信山社
庄司克宏（2013）『新 EU 法 基礎編』岩波新書
スュードル，フレデリック（1997）『ヨーロッパ人権条約』建石真公子訳、有信堂高文社
田畑茂二朗（1990）『国際法新講〔上〕』東信堂
前田直子（2010）「欧州人権条約における判決履行監視措置の司法的強化」国際協力論集18（2）、神戸大学大学院国際協力研究科
山本直（2011）『EU 人権政策』成文堂
ECHR: European Court of human Rights（2016a）Analysis of statistics 2015, http://www.echr.coe.int/Pages/home.aspx?p=reports&c=#n1347956867932_pointer,（hit on 8 Aug. 2016）
ECHR: European Court of human Rights（2016b）Country profiles: Germany,

http://www.echr.coe.int/Pages/home.aspx?p=press/factsheets&c=#n1347951547702_pointer, (hit on 8 Aug. 2016)

Pillay, Navanethem (2012) Strengthening the United Nations human rights treaty body system,The Office of the United Nations High Commissioner for Human Rights (OHCHR), http://www2.ohchr.org/english/bodies/HRTD/docs/HCReportTBStrengthening.pdf, (hit on 8 Aug. 2016)

第7章　ドイツ・欧州の環境保護・脱原発

望月　浩二

1　ドイツの環境政策

1　環境政策を担当するドイツの政治家

ドイツの環境政策を語る前に、それを担うドイツの政治家に目をやろう。まず、首相はアンゲラ・メルケル女史。彼女はキリスト教民主同盟・キリスト教社会同盟の党首で、首相3期目（2013〜2017）を続投中。元々は物理学の博士で旧東独出身。彼女は環境大臣の経験をもつ（写真1）。

写真1　メルケル女史

現在の環境大臣はバルバラ・ヘンドリクス女史（社会民主党）。大学での専攻は、歴史学と社会学。なお、ドイツの環境省の正式な名称は、環境、自然保護、建設、原子炉安全性に関する連邦省。略称は、連邦環境・建設省（BMUB）（写真2）。

写真2　ヘンドリクス女史

ドイツの環境省は以前はエネルギー政策も担当していたが、2014年12月からはエネルギー政策は連邦経済省（BMWi）に移管された。経済・エネルギー大臣はジグマー・ガブリエル氏（社会民主党の党首）。彼は環境大臣の経験をもつ。大学での専攻は、ドイツ語学、政治学、社会学（写真3）。

写真3　ガブリエル氏

出典：写真1〜3はドイツ政府HP

2　ドイツ政府のエネルギー政策

(i)　**エネルギー政策の目標**　ドイツ政府は、現在、脱原発と地球温暖化対策を両立させることを目指すエネルギー政策（ドイツ語でエネルギーヴェンデ（Energiewende＝エネルギー大改革）政策という）を進めつつある（参考文献［1］）。その中身は、

①脱原発：2022年までに達成（原発依存率は2015年現在15％）

②温暖化対策：2050年までに1990年比でCO_2放出を80～95％削減を目指す。そのためには従来は、大型かつ集中型だったエネルギー供給を高効率で分散型へとシステム変更する。差し当たり、2020年までに、次の3項目を目指す。

①省エネ（目標：電力消費を11％削減）…最優先！

②効率革命（目標：コージェネを倍増）

③再生可能エネルギー発電の拡充（目標：総電力消費の35％ ⇒ 2014年には27.8％を達成）

写真4　UBA（連邦環境庁）の英語刊行物："Energy target 2050: 100％ renewable electricity supply" 2010年10月刊行 全47頁

出典：参考文献［2］、入手リンク：http://qq1q.biz/ofbb

ここで大切なのは、省エネを最優先事項としていることである。ドイツでよく言われるのは、「一にも二にも三にも省エネ」という省エネを最優先事項とすべきことを強調する文句である。つまり、省エネと効率革命をとことんまで推し進めた上で、再エネ発電を拡充する、という順序が重要なのである。

(ii)　**再生可能エネルギー利用の可能性**　ここで図表1「再生可能エネルギー利用の可能性」をご覧いただきたい。一番大きいサイコロは、地球上に存在する太陽エネルギーの総量を、その右は、地球上に存在する風力、バイオマス、地熱、海洋、水力のエネルギーの総量を示す。そしてそれぞれの手前の小さなサイコロは、それらのうちで利用可能な量を示す。さらに一番左には、世界のエネルギーの総需要量をサイコロにしてある。ここで大切なのは、一番大きいサイコロ（太陽エネルギー）の前のサイコロが世界のエネルギーの総需要量のサイコロよりも少し大きいことである。これは、すなわち、地球上に存在する太

第7章　ドイツ・欧州の環境保護・脱原発

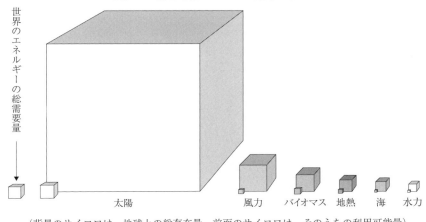

図表1　再生可能エネルギー利用の可能性

（背景のサイコロは、地球上の総存在量、前面のサイコロは、そのうちの利用可能量）

出典：DLR（ドイツ宇宙航空研究所）の英文文献（参考文献［3］）のp.93

陽エネルギーのうちで利用可能な量をフルに利用すれば、それだけで世界のエネルギーの総需要量をまかなえることを意味する。実際には、太陽エネルギー以外の再エネのうちで利用可能な量もこれに加わるので、再エネだけで世界のエネルギーの総需要量を楽々、まかなえるといえる。これは再エネの意味合いに関する基本的な認識である。この図表1はドイツ国立宇宙航空研究所の英文報告書（参考文献［3］）のp.93に掲載されている。この報告書は参考文献［3］に記載のリンクから無償でダウンロードできる。

(iii)　**2014年のドイツの発電電力の内訳**　　ここで2014年のドイツの発電電力の内訳を見ると、図表2のようになる。大切な点は、

①再エネが発電電力の1/4以上を供給した。

②再エネ電力の合計値が、他のどの単独のエネルギー・キャリアの発電量をも上回ったことは初めての出来事だった。

(iv)　**国家の政策として再エネ発電の助成**　　このようにドイツの再エネ発電が成長したのは、政府が国家の政策として再エネ発電の助成に注力してきたからに他ならない。すでに1991年1月1日には電力買上げ法（StrEG）を施行してFIT（フィードインタリフ、すなわち、再エネ発電の電力の買上げ価格を政府が20年間

119

図表2　2014年のドイツの発電電力の内訳

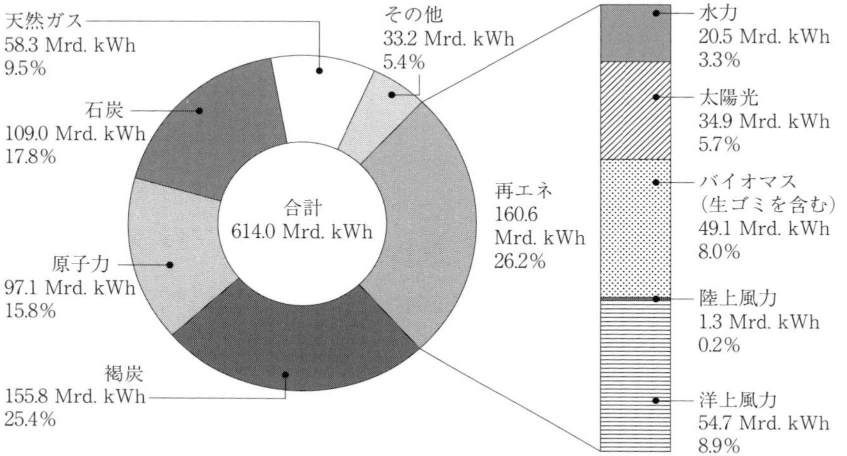

- 天然ガス 58.3 Mrd. kWh 9.5%
- 石炭 109.0 Mrd. kWh 17.8%
- 原子力 97.1 Mrd. kWh 15.8%
- 褐炭 155.8 Mrd. kWh 25.4%
- その他 33.2 Mrd. kWh 5.4%
- 再エネ 160.6 Mrd. kWh 26.2%
- 合計 614.0 Mrd. kWh

再エネ内訳：
- 水力 20.5 Mrd. kWh 3.3%
- 太陽光 34.9 Mrd. kWh 5.7%
- バイオマス（生ゴミを含む）49.1 Mrd. kWh 8.0%
- 陸上風力 1.3 Mrd. kWh 0.2%
- 洋上風力 54.7 Mrd. kWh 8.9%

出典：AGEE-Stat, BDEW, 3/2015

写真5　連邦経済エネルギー省発行の英文ホワイト・ペーパー（全104頁）

出典：入手リンク（2015年7月）：http://qq1q.biz/ofau

について保証する）を導入して以来、これを2000年4月1日には再エネ発電助成法（EEG）で置き換え、その後、このEEGが改定されて現在に至っている。これに対して日本は、2012年になってやっとFITを導入した。ドイツに遅れること、実に、21年である。

ドイツ政府は、再エネ発電助成法（EEG）の改定を2014年8月1日に施行した（EEG 2）。この改定の最大の特長は、設備容量500KW以上の再エネ発電設備に関して、

①全量固定価格買取（FIT）を廃止し、

②事業者自ら市場で売電し、その売上に一定の助成金を上乗せするフィード・イン・プレミアム（FIP）という制度に移行したことである。これは、再エネを徐々に電力市場の価格競争で自立させるための第一歩と言われている。

ドイツではすでに、太陽光発電のコスト低減に伴い、グリッドパリティ（再

生可能エネルギーの発電コストが、電力系統から購入する電気料金と等しくなること）が成立しており、固定価格買取制度（FIT）が事実上終了している。

そのため、太陽光発電設備を設置した電力需要家が太陽光発電によって発電した電力を電力会社に売電するメリットがすでにない状況にある。この状況は、エネルギー地産地消型のスマートコミュニティへの指向を加速する。

(v) **エネルギー供給を100％、地域の再生可能エネルギーでまかなう自治体と地域**

ドイツでは、132の地域（総人口2000万人、すなわち、ドイツ全人口の1/4）がエネルギー供給を100％、地域の再生可能エネルギーでまかなうことを目標に定めている。図表3のドイツ地図は、そうした目標を定めた自治体（薄く塗りつぶされた地域）とすでにその目標を達成した自治体（濃く塗りつぶされた地域）を示す。

つまり、ここ数年以内には、これらの地域でそれが実現していることになる。この目標を達成した自治体の第1号は、ニーダーザクセン州のユーンデ村（参考文献［4］）だったが、日本や中国をはじめ、世界中から見学者が絶えない。

こうした自治体では、その地域に適した風力、バイオマス、太陽、水、地熱の組み合わせによる分散的なエネルギー発生と省エネを組み合わせることによって、エネルギー供給を100％、地域の再生可能エネルギーでまかなう。それによって、

①地域経済の向上、
②住民参加、
③地域への誇りと愛着の高揚

が計られ、それをとおして地域の活性化を実現している。

2003年には、関連業界、経済団体および研究機関が共同して推進組織

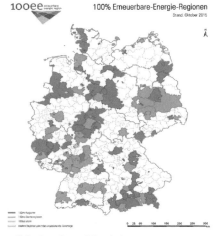

図表3　エネルギー供給を100％、地域の再エネでまかなうことを達成した自治体とそれを目標に定めた自治体（2015年10月現在、ドイツ）

出典：http://www.100-ee.de/

deENet = decentral energy network（www.deenet.org）を結成してサポートに当たっている。また、2009年以来、毎年秋にカッセルで情報交換イベントがあり、そこで全国の関係者が集まって、経験を交換し合っている。毎年、必ず、英語のセッションもあり、米国や日本などからの発表者もいる。その様子は、次のホームページの英語の記述を参照：http://www.100-ee-kongress.de/。

(vi) **ドイツで増えるエネルギー協同組合**

ドイツでは、ごく普通の市民たちが共同して資金を集めて、再エネの発電設備を作っている。たとえば、次の写真6の例では、ヘッセン州南部のシュタルケンブルクという町の市民280人が共同出資して、背景にある2メガワットの風車を作った。稼動開始は、2011年12月10日だった。法律的には、これらの市民は「エネルギー協同組合」の組合員である。ケルン大学のエネルギー協同組合の研究者のデーゲンス氏によると、エネルギー協同組合を結成する理由は次のようなものである。

写真6　ヘッセン州シュタルケンブルク町の市民280人が共同で作った2メガワットの風車

出典：http://www.energiestark.de/

① 出資金の金額ではなく、1人1票の発言権（民主主義）
② メンバーシップは公開
③ 資本の調達が容易

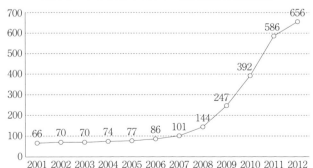

図表4　ドイツのエネルギー協同組合の数の推移

出典：Klaus Novi Institute（Cologne）, DGRV, 7/2013

第7章　ドイツ・欧州の環境保護・脱原発

④責任が有限

⑤協同組合連合会によるしっかりした監査。

そうしたエネルギー協同組合の数は図表4に示すように近年、非常な勢いで増えつつある。

こうした動きは日本にも見られるので、たとえば、吉原毅と原亮弘の対談「新しいエネルギー社会を協同の力で」（岩波書店『世界』2012年11月号）を参照されたい。

3　ドイツ政府の地球温暖化対策

（i）**地球温暖化防止のための政府施策**　ドイツ政府は、地球温暖化防止のために、次のように多様な政府施策を実行して、積極的に取り組んでいる。

- ・再生可能エネルギー法（EEG/EEWG）
- ・コージェネ促進法
- ・省エネ政令（新築家屋）
- ・省エネ助成（既存家屋）
- ・トラックに道路利用料金を導入（高速道路：2005/1、国道：2012/8）
- ・10万戸太陽電池プログラム
- ・省エネ・プロジェクトへの政府助成
- ・産業界の「自主規制」
- ・エミッション取引（取引開始：2005/1/1）。

この中の「トラックに道路利用料金を導入」という項目について説明すると、ドイツでは高速道路（ドイツ語でアオトバーン）の利用は元来、無料だったが、2005年1月からトラックについて利用料金を導入した。これは貨物の輸送を道路から鉄道にシフトさせることによって、地球温暖化対策の一助にするた

写真7　既存家屋の断熱特性改良のために、発泡スチロールを外壁に貼り付ける作業

出典：筆者撮影、ケルン市

123

めである。

(ii) **デカップリング**　これらの多様な省エネ施策を強力に並行して実行することによって、ドイツは、国の経済成長に国のエネルギー消費が連動しない、いわゆるデカップリング（decoupling）を実現している。図表5中で1990年から現在までにGDPが増加しているのに対して、エネルギー消費は一定ないし若干の減少を示している、すなわち、両者は連動していない。

このデカップリングが実現している場合には、省エネを実現しても、国の経済成長は保たれるので、経済成長のことを心配せずに、省エネに取り組むことができる。

それに対して、日本の場合には、GDPの増加にエネルギー消費が連動していて、両者の間のデカップリングが成立していない。この場合には、省エネへの取り組みは、GDPの成長の足を引っ張るので、思い切った省エネは実行できない。日本の経団連が地球温暖化対策に消極的なのは、こうした事情を勘案するならば当然のことと云えよう。それでは、日本でデカップリングが成立し

図表5　ドイツのGDPとエネルギー（最終エネルギー消費と一次エネルギー供給）の推移

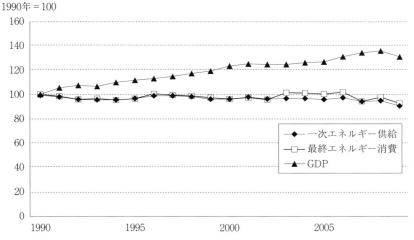

出典：OECD Stats（http://stats.oecd.org）よりIEAのWorld Indicators（GDP）およびWorld Energy Balance（エネルギー）から作成

図表6　日本のGDP、最終エネルギー消費と一次エネルギー国内供給の推移

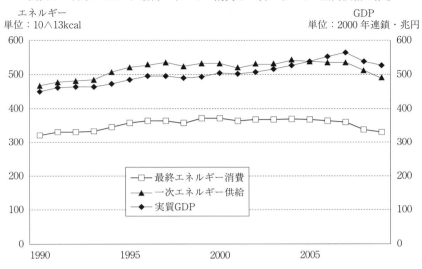

出典：日本エネルギー経済研究所編（2012）『エネルギー・経済統計要覧』省エネルギーセンターより作成

ていないのは何故か。その原因と対策は、すでに2011年度版のエネルギー白書が述べているように、最終エネルギー消費量の1973年度から2009年度までの伸びは、産業部門が0.8倍、民生部門が2.4倍（家庭部門2.1倍、業務部門2.7倍）、運輸部門が1.9倍という事実から次のように言うことができる：「日本では、産業部門はデカップリングを成し遂げたが、民生と運輸が大きく脚を引っ張っているため、全体としては、デカップリングが不成立。したがって、今後は、民生と運輸の省エネに注力すべき」。なお、国連地球サミット「リオ＋20」（2012年6月）が「グリーン・エコノミー」を決議しているが、その中で、「経済的繁栄と資源消費とのデカップリングは持続可能経済（Green Economy）のパラダイム」であると述べ、「途上国も先進国もデカップリングを目指すべき」と述べていることを付記する。これに関しては、国連環境計画（UNEP）のデカップリング・サイト：http://www.unep.org/resourcepanel/Publications/Decoupling/tabid/56048/Default.aspx を参照されたい。ここからは、デカップリングに関する日本語の資料をダウンロードできる。

図表7　1990年以来のドイツにおける温暖化ガスの放出量の削減実績ならびに2008〜2012年（京都議定書）および2020年と2050年（ドイツ政府）の目標

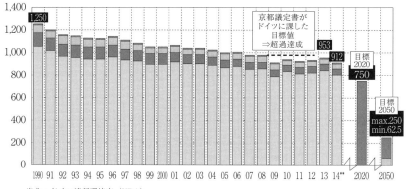

出典：ドイツ連邦環境庁（UBA）

(iii) **ドイツの温暖化ガスの放出削減の実績と将来の目標**　このように積極的に地球温暖化対策に取り組んできたドイツの温暖化ガスの放出量の削減実績と将来の目標は次の図表7に示すとおりである。

(iv) **京都議定書の指定する温暖化ガス放出削減目標の達成状況の日独比較**　京都議定書は批准各国に2008〜2012年に達成すべき温暖化ガス放出削減を1990年比の百分率で与えているが、その達成状況を日独で比較すると次の図表8のようになる。これでみると、日本は2008〜2012年の間に一度も京都議定書が日本に与えた削減目標を達成できなかったのに対して、ドイツは、2008年こそ、タッチの差で達成できなかったものの、その後の2009〜2012年は、毎年、京都議定書がドイツに与えた削減目標を超過達成した。日独の間で京都議定書の与える削減目標の達成度については、大きな差があると言わなければならない。その原因は、上述したように、経済成長とエネルギー消費の間にデカップリングが成立しているドイツは、経済成長に悪影響を与えることなく、大胆な省エネ対策を実行できるのに対して、そうしたデカップリングが成立していない日本では、省エネ対策がどうしても及び腰になる点にあると思われる。

(v) **ドイツ政府の行動プログラム《気候保全2020》**　欧州連合（EU）の温暖化

第 7 章　ドイツ・欧州の環境保護・脱原発

図表 8　2008〜14年度温暖化ガス放出量の日独比較

	京都議定書による08-12年度削減目標値（90年度比）	実績値（実際の放出量）（90年度比）						
		08年度	09年度	10年度	11年度	12年度	13年度	14年度
日本	−6％	＋1.6％（削減目標を達成せず）	−4.3％（削減目標を達成せず）	−0.3％（削減目標を達成せず）	＋3.7％（削減目標を達成せず）	＋6.3％（削減目標を達成せず）	＋10.8％	＋7.5％
ドイツ	−22％	−21.7％（削減目標を達成せず）	−26.8％（削減目標を超過達成）	−24.8％（削減目標を超過達成）	−26.4％（削減目標を超過達成）	−25.5％（削減目標を超過達成）	−23.8％	−27.0％

出典：両国環境省発表資料

　ガス放出削減目標は、2050年までに1990年比で80〜95％削減するとしている。ドイツはこれを実現するために、差し当たり、2020年までに1990年比で40％削減を目標とする。しかし、ドイツは現在の温暖化対策で行くならば、年間の経済成長率を1.4％と仮定すると、2020年までに1990年比で33％削減を実現するのみで、40％削減という目標には到達できないことが予測されるに至った。そこでドイツ政府は温暖化対策を軌道修正し、あくまでも、40％削減を実現するために、行動プログラム《気候保全2020》を策定・実施することを2014年12月3日に閣議決定して、その実現に邁進している。

　(ⅵ)　**ドイツ政府が温暖化対策に真剣に取り組む理由**　ドイツ政府は国民に対して、温暖化対策はそれ自体として持続可能の地球環境の維持に不可欠なだけではなく、それに真剣に取り組むことによって、同時に社会に対して、次のように一石三鳥の効果をもたらすと説明して、国民の理解を求めている（出典：連邦環境省プレスリリース、2014/4/29）。

・イノヴェーション
・競争能力の発展
・持続可能の経済発展。

4　ドイツ政府の廃棄物政策

（i）**循環経済法**　ドイツでは廃棄物の取扱いに関する法律として1986年に施行された廃棄物法が、1996年に循環経済・廃棄物法によって置き換えられた。この法律の最大の特長は、廃棄物について遵守されるべき優先順位「発生回避 ⇒ 活用 ⇒ 適性処分」を定めたことである。その意味は、廃棄物はまず、その発生を回避すること。どうしても発生を回避できない廃棄物は、できるかぎり活用すること。どうしても活用できない廃棄物は、これを適性に処分すること。これがその優先順位の意味である。

また、この法律は、連邦政府の大目標として、2020年までに一般廃棄物の埋め立てを全廃することを掲げている。この目標は、2016年の現在、すでにほぼ達成されている。

この循環経済・廃棄物法は、EUの廃棄物枠組み指令2008/98/ECをドイツ国内法化（期限：2010年12月12日）する必要から、2012年6月1日付で変更され、名称が循環経済法に変更された。この変更により、次の新しい内容が実行された。

①2015年から生ゴミの分別回収が義務となる。

②2013年からは従来のデュアルシステムの黄色い回収容器（プラと金属の販売包装のみを回収）に替わって有価物質回収容器（リサイクルする価値のあるプラと金属はすべて回収）が各戸設置義務。2015年からは運用義務。ただし、廃家電は別途回収。

③自治体と民間のリサイクル企業が競合する場合には、自治体に優先権を与える。民間は、EU委員会に抗議して係争中。

（ii）**種々の生ゴミ処理プロセスのLCA比較（連邦環境省委託研究）**　新しい循環経済法では生ゴミの分別回収が義務となるために、回収された生ゴミの処理施設の整備が急務となる（参考文献［5］）。そこで連邦環境省は種々の生ゴミ処理プロセスのライフサイクル全体での環境負荷を比較するLCA研究を委託した（図表9）。この研究では、次の生ゴミ処理プロセスを比較した：コンポスト化、発酵（メタンガス製造）、焼却、好気性および嫌気性のMBP。MBPは、mechanical biological processの略称で、このプロセスでは、生ゴミをまず機

第 7 章　ドイツ・欧州の環境保護・脱原発

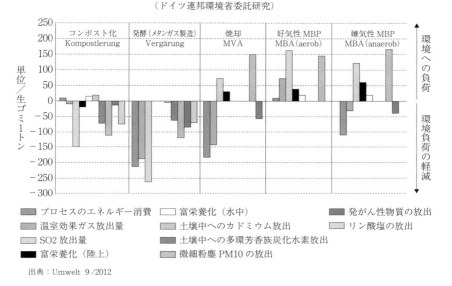

図表 9　種々の生ゴミ処理プロセスの LCA 比較
（ドイツ連邦環境省委託研究）

出典：Umwelt 9/2012

械的に均一にしてから、生ゴミの発酵熱で乾燥させて、燃料にしてエネルギーを回収する。これらの生ゴミ処理プロセスの比較は次の観点について行う：（図表 9 中、左から）プロセスのエネルギー消費、温室効果ガス放出量、SO2 放出量、富栄養化（陸上）、富栄養化（水中）、土壌中へのカドミウム放出、土壌中への多環芳香族炭化水素放出、微細粉塵 PM10 の放出、発がん性物質の放出、リン酸塩の放出。その結果を総合して、次の結論を導いた。現行の 5 種類の処理プロセスを比較すると、生ゴミを分別回収して活用するのが環境保全のためにはベストであり、その際、環境負荷がもっとも小さいのは発酵、その次がコンポスト化、その次が焼却という順序である。この結論に基づいて、生ゴミの処理は今後は、発酵させてメタンガスを取り出すプロセスを最優先。

(iii)　**生ゴミ発酵処理プラントの事例：ベルリン市清掃局**　それでは、生ゴミ発酵処理プラントの事例としてベルリン市清掃局のプラントを紹介する。筆者は、この施設を 2015 年 3 月に見学した。プラントの名称は Biogasplant West, 13597 Berlin (http://www.bsr.de/9495.html)。インプットは世帯由来の生ゴミ

で、アウトプットはメタンガスおよびコンポスト（堆肥）。この種の生ゴミ発酵処理プラントでは、メタンガスを取り出した後に固形成分がどうしても残るが、それはコンポストとして有効利用できる。このプラントで得られたメタンガスで駆動する150台のごみ回収車がベルリンの全世帯の60％のごみを駆動燃料費用ゼロで、かつ、事実上、CO_2の放出なしで回収している。

　(ⅳ)　**循環経済法における「原因者責任」（第23条）**　循環経済法の第23条は、製品の製造者・販売者に原因者責任を課す。それとは、

①環境に優しい製品の製造・販売

②リサイクル材の使用

③有害物質の表示

④使用済みの製品の回収とリサイクル

を指す。しかし、この条文は、これらを原因者責任と定義するだけであり、それが拘束力を発揮するためには、別途、製品別に政令を定めるという仕組みをとる。具体的には、包装材、電気製品、自動車など一連の製品に関するリサイクル政令が制定されて、製品の製造者・販売者に回収とリサイクルの義務を課している。

　(ⅴ)　**包装廃棄物を出さない工夫：量り売りの食材店**　循環経済法の説明の冒頭で、この法律では、廃棄物の発生を回避することを最優先すると述べたが、包装廃棄物の領域でそれを実践する動きとして、ドイツ、欧州には量り売りのスーパーや食材店が続々と登場しているので紹介する。日本でも昔は、醤油を買うのにビンを持参したものだが、それと同じで、消費者が容器

写真8　ベルリンの量り売りの食材スーパー "original unverpackt" にて

出典：筆者撮影、2015/3/3

を持参して店を訪れ、まずレジで空の容器の重さを量ってもらい、セルフサービスで液状、粉状、粒子状などの商品を容器に入れ、レジで再び重さを量ってもらい、入れた量に応じて支払う。各地に続々とそのような店が開店している。

　ボンでは、Hilke Deinet の食材店　http://www.freikost.de。

　ベルリンでは、最初のスーパーが開店（2014/9/13）：http://original-unverpackt.de/. このホームページで Presse をクリックすると多数の英文報道記事が現れる。

　ウィーンでは、Andrea Lunzer の食材店：http://diepresse.com/home/leben/mode/1510349/Der-Kampf-gegen-die-Verpackung.

　ロンドンでは、Catherine Conway の食材店。

　なお、日本でも、川崎市のバルク・フーズという食材店が全く同じ量り売りを提供している。http://www.bulkfoods-market.com/.「量り売り　食材店」でグーグル検索すれば、普及状況をフォローできる。

　(vi)　**ドイツの家電リサイクル法の改定**　　ドイツの家電リサイクル法は、EU の電子機器リサイクル指令、通称 WEEE 指令のドイツ国内法化である。EU は、旧 WEEE 指令2002/96/EC を置き換える新 WEEE 指令2012/19/EU を制定したので、加盟国は2014年2月14日までにこれを国内法化する義務を負う。この新しい WEEE 指令では、廃家電の新しい回収率を2016年までに45重量％、2019年までに65重量％と定める。ドイツ国内法「新 ElektroG」は、2015年10月24日付で施行されたが、その特長的な内容は次のとおり。

　①小売店に無償引き取り義務（類似製品購入の場合）、

　②大型店（売り場面積：400m^2以上）には、類似製品購入の場合でなくても、
　　小型製品（25cm 未満）の無償引き取り義務。

　(vii)　**ドイツにおけるプラスチック廃棄物（産廃を含む）の処理の現状**　　ここで、ドイツでのプラスチック廃棄物（産廃を含む）の処理の現状を紹介する。2013年のデータでは、産廃を含むプラスチック廃棄物の発生総量は、568万トンであった。ドイツのプラスチック廃棄物処理の特長は、発生量の99％を活用に回しており、最終処分（埋立て）に回されるのは1％にすぎない点である。

図表10　ドイツにおけるプラスチック廃棄物（産廃を含む）の処理の現状

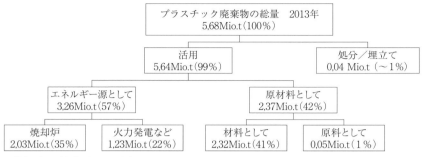

出典：Consultic Studie: Produktion, Verarbeitung und Verwertung von Kunststoffen in Deutschland 2013

日本プラスチック循環利用協会のデータによると、日本ではこの値は18％。活用のやり方は、エネルギー源としての活用と原材料としての活用に大別される。原材料としての活用のうちの原料としての活用とは、熱硬化性樹脂の廃プラを出発原料まで戻して、それを合成して再び、プラスチック材料を得るというプロセスを指す。それに対して、熱可塑性樹脂は加熱すれば溶けて再成形できるので比較的容易に材料活用できる。

(ⅷ)　バイオプラスチックに関するUBA（ドイツ連邦環境庁）の見解　　バイオプラスチックは、生分解性プラスチックとバイオベース耐久性プラスチックに大別される。ドイツの連邦環境庁（UBA）は、2013年に発表した「生分解性プラスチック包装の環境特性に関する研究」の中で次のような結論を述べている。

(a) 生分解性プラスチック　　現在のところ、リサイクルは不可能。中期的には、PLAにリサイクル・プロセスが実現する見込み（PLA to PLA）。

廃物処理としては、焼却されている。生分解性プラスチックが焼却される理由は、1つには、他のプラスチックの材料リサイクルの妨げになるため、さらには、コンポスト・プロセスでは分解が遅いので邪魔

写真9　ドイツ連邦環境庁（UBA）：「生分解性プラスチック包装の環境特性に関する研究」（2013/3, 全130頁）

出典：英訳版：http://urx.nu/cTHo

なるためである。

エコバランス比較では、生分解性プラスチックは従来のプラスチックよりも劣る。

(b) バイオベース耐久性プラスチック　これは、従来のプラスチックよりも環境にやさしい。これは石油からではなく、植物（サトウキビなど）から作られるが、従来のプラと同じ構造をもつ。例：Bio-PET。現在、少量ながら、ボトルと袋を製造している。

5　ドイツ政府の化学品安全政策

(i)　**石綿（アスベスト）**　連邦環境省の2015年10月6日付のプレスリリースによると、石綿（アスベスト）はドイツでは、1993年に全面禁止されたが、それでも、現在、毎年、1500人が石綿が原因で死亡している。その原因は、非常に長い潜伏期間にある。日本政府が石綿を全面禁止したのは、2012年3月1日で、ドイツに遅れること、実に19年間であった。早々と全面禁止を実施したドイツ政府。かくも危険な物質の全面禁止に慎重を期した日本政府。その慎重さのつけは、早晩、毎年、多数の犠牲者という形で回ってくると予想される。それぞれの政府の石綿に関する化学品安全政策は次の2つのWHO/ILO レポートに記載されている。

・National Asbestos Profile for Germany, 2014, 70 pages, http://www.baua.de/de/Publikationen/Fachbeitraege/Gd80.html
・National Asbestos Profile of Japan, 2013, 36 pages, http://envepi.med.uoeh-u.ac.jp/NAPJ.pdf

(ii)　**パーフルオロアルキルスルホン酸類（PFAS）を含む屋外ヤッケは、耐候性と通気性に優れるが、人間と環境に有害**　UBA（ドイツ連邦環境庁）は、PFASを含む屋外ヤッケをテストした。結論：フッ素を含む化学品による耐候性は、水と大気に有害であり、それによって人間と動物に有害。この種類の化学品の製造と使用には制限が必要である。

それに関してはUBAの英文報告書（全139頁、2014）：Understanding the exposure pathways of per- and polyfluoralkyl substances（PFASs）via use of

PFASs-containing products - risk estimation for man and environment がある。この報告書は上記タイトルをグーグルで検索すれば入手可能である。アウトドアのジャケット中のPFASのライフサイクルとその結果として起こる人体への曝露経路を示す、この報告書のFig. 2を参照されたい。

　上記報告書には商標名ゴアテックス（Gore-Tex）が名指しで登場するが、これは同報告書では有害視されている。日本の通販のサイトによると、Gore-Texは、屋外スポーツ用の衣類や靴の材料として広範囲に使用されているが、ドイツを含むEUでは使用制限が検討されている。安全な代替品はすでに存在する。

6　ドイツ政府の環境賞2015

写真10

写真11

　この賞は、ドイツ政府の外郭団体であるドイツ連邦環境財団 DBU（http://www.dbu.de/）が毎年、環境の分野で優れた仕事を成し遂げた人に授与する。賞金総額は約5000万円相当で、欧州の環境賞としては最高額。2015年度の授賞式は、2015年11月8日に行われ、次の各氏がドイツのガウク大統領から賞牌を授与された。

・モジブ・ラティフ教授（60、キール）：ドイツで最高の気候学者の1人。特に、健全な海洋なしには、地球は人間にとって居住不可能になることを示した。2001年と2007年には、気候IPCCの報告書の共著者の1人。キール大学教授。パキスタン系のドイツ人（写真10）。
・ヨハン・ロックストレーム教授（49、ストックホルム）：Stockholm Resilience Centreの所長。地球上のクリチカルな限界を超えることによって生ずる、人類の存続に関するリスクの研究の第一人者（写真11）。
・ミヒャエル・ズッコウ名誉教授（74、グライフスヴァルト）：ドイツの自然保護の第一人者。東西ドイツ統一の際に、彼の尽力により、東独の面積の12.1％が一時的

写真12
出典：写真10〜12
は http://www.dbu.de/

第7章　ドイツ・欧州の環境保護・脱原発

の、同じく5.5％が永久の国立公園として自然保護されることになった（写真12）。

2　EUの環境政策

ここでは紙面の制約のために、EUの環境政策のうち、気候およびエネルギー政策だけを記述する。

1　EU気候・エネルギー・パッケージ (The EU climate and energy package)

(i)　**EUの20-20-20ターゲット**　この政策の根幹を成すのは「EUの20-20-20ターゲット」という目標で、2020年までに次の3つの20を目指す。

① EUとしての温暖化ガス排出量を1990年比で20％削減する、

② EUのエネルギー消費の20％を再生可能エネルギーでまかなう、

③省エネにより、一次エネルギーの消費量を20％削減する。

このうちで再生可能エネルギーの拡充については、上記目標②を達成するために、加盟各国が実現すべき％値を指令2009/28/ECで定める（最低はマルタの10％、最大はスウェーデンの49％；図表11）。

上記の省エネ目標③を達成するためには、省エネ指令2012/27/EUを制定した（2012/10/25）。

・既存の建物の断熱性能の向上

・公共の調達での省エネ考慮義務

・最終消費者の省エネ義務

・大企業は4年に一度、エネルギー監査を受ける義務

・エネルギー発生と分配における省エネ対策

(ii)　**EUのゼロエネルギー・ハウス指令**　ここでEUの「20-20-20ターゲット」という目標のうちの3番目の《2020年までに省エネにより、一次エネルギーの消費量を20％削減する》にとって大きな意味をもつ、EUのゼロエネルギー・ハウス指令を紹介しよう。この指令は、次の内容をもつ。「2020年12月

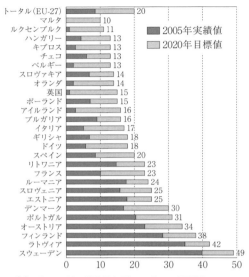

図表11 EUの再エネ目標：2020年において最終エネルギーに占める再エネの割合

出典：Renewables 2010 Global Status Report REN 21

31日以降にEU域内で新築されるすべての家屋はゼロエネルギー・ハウス（nearly zero energy building）でなければならない。公共の建物については2年前倒しとする。」ここで、ゼロエネルギー・ハウスとは、暖房のために消費するエネルギーがほぼゼロの家屋を意味する。このEU法は、指令2010/31/EUとして、2010年5月8日に欧州議会を通過して成立した。現在はこのrecast版が有効で、次のURLからダウンロードできる：http://qq2q.biz/xFiA。なお、EUの建物省エネのホームページ《The European portal for energy efficiency in buildings》がこれ関係の最新の情報を満載しているので、参照されたい。

(iii) **パッシブハウス**　そのようなゼロエネルギー・ハウスは、たとえば、1980年代にドイツの物理学者ヴォルフガング・ファイストとスウェーデンの建築家ボー・アンダソンが考案したパッシブハウスのコンセプトを実現すると、実現する。その家屋では外気温が氷点下15℃以上なら暖房が不要である。

それでは、パッシブハウスのコンセプトを説明する。パッシブハウスでは、屋根、壁、床の断熱にパッシブハウス規格の超高性能断熱材を用い、窓にはやはり同規格の三重ガラス窓を採用する。さらに大切なこととして、24時間強制換気を行う。その際に取り入れる外気は地下を通し、年間を通して一定の温度である地中熱により、夏は外気を冷やし、冬は外気を温めてから、室内に導く。その際に、室内への入り口には熱交換器を置き、室内の人間、家電などに

より与えられた、排気中に含まれる熱を新鮮な外気に与える。このような仕組みにより、その家屋（パッシブハウス）では外気温が氷点下15℃以上なら暖房が不要となる。詳細はドイツのダルムシュタットにあるパッシブハウス研究所のホームページを参照：http://www.passiv.de/（英語ボタンあり）。施工例は、ドイツでは、一戸建て住宅、フランクフルト市公団住宅（800軒）、最近は学校、老人ホーム、消防署などの公共建築にも。全世界での施工実績は1万7500例。最近では、日本にも施工例があり、グーグルで「パッシブハウス」とカタカナで入力すると多数のヒットがある。

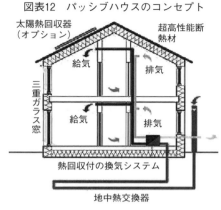

図表12　パッシブハウスのコンセプト

出典：http://www.passiv.de/

ドイツのパッシブハウス研究所は、Passive Houses for different climate zones という研究を発表（2012、独語＆英語）。これは、世界の非常に寒冷な場所から非常に高温多湿な場所にいたる5つの都市（エカテリンブルク、東京、上海、ラスベガス、ドバイ）でパッシブハウスの評価を行ったもの。結論は、設置場所の気候条件にかかわらず、パッシブハウスは有効。

英語報告書入手のURLは http://passivehouse.com/05_service/05_service.htm。

3　欧州脱原発事情

1　ジャーマン・アングスト（心配）は根拠のないヒステリー現象か（その1）

ドイツの自然科学、人文科学、社会科学の学者500余人は、2011年3月30日付のメルケル首相宛の連名公開状「福島原発事故を受けてドイツは脱原発を急ぐべき」で次のように述べた。

・安全な原発は過去にも未来にも、物理的・技術的な理由からありえない。

なぜなら、原発はいわゆる複雑系であり、物理学のカオス理論により、そのようなシステムでは安全性を計算することは不可能。
・人智には無限にある事象の組み合わせをすべてもれなくリストアップする能力はない。そうした人智が想定し得なかった組み合わせによって事故が発生することは予防し得ない。
・結論：原発の事故は起こるのが当たり前。現に、原発の深刻事故は、ウィンズケール（Windscale 英）1957、リュサン（Lucens スイス）1969、3マイル島（Three Mile Island 米）1979、チェルノブイリ（Chernobyl ウクライナ）1986、福島 2011と54年間に5回、すなわち、10.8年に1回という高い頻度で発生。しかも福島以外は地震・津波なしで発生。したがって物理学の見地から、ドイツが福島原発事故を真剣に受け止めるとしても、それは決してヒステリー現象ではない。

2　ジャーマン・アングスト（心配）は根拠のないヒステリー現象か（その2）

米国のリスク社会学者チャールズ・ペロー（Charles Perrow）は、著書『事故は当たり前―ハイリスクの技術と共に生きる（*Normal Accidents: Living with High Risk Technologies*, 1984)』の中で、原発、化学プラント、航空・宇宙飛行、原子兵器、遺伝子研究、貯水ダム、貨物船といった現代技術の一連の事故の原因分析を分析し、またスリーマイル島原発事故の事故調査委員としての知見を総合して、

①システムのリスクは、複雑性と結合によって決まる。ここで、
・複雑性：1つの要素が複数の機能を果たす度合い
・結合：要素と要素の間にクッションが入っているか

②原発は人間には要求できないほどの高い信頼性を人間に要求する。

写真13　チャールズ・ペロー（Charles Perrow）
1925年2月9日生まれ
出典：cisac. fsi. stanford. edu（米国スタンフォード大学）

と結論し、次の予言を述べた：“Why we have not had more TMIs -- But will soon”（スリーマイル島原発事故がこれからさらにどうして起きないと云えようか、いや、それは間もなく起きるだろう）。この予言が的中する形で、翌年の1985年にはチェルノブイリ原発事故が、さらに、その26年後の2011年には福島原発事故が発生した。したがってリスク社会学の見地からも、ドイツが福島原発事故を真剣に受け止めるとしても、それは決してヒステリー現象ではない。なお、チャールズ・ペローは福島原発事故の発生を受けて、当時86歳という高齢にもかかわらず直ちに、“Fukushima and the Inevitability of Accidents”（福島と事故の不可避性）という論文を著した。筆者はこれを和訳して、岩波書店『世界』の2012年５月号に寄稿したので、ご高読されたい。

３　チェルノブイリ級の原発事故がドイツの原発で発生した場合に予想される被害

上に述べたように、カオスの物理学から、あるいはリスク社会学から、原発事故は起こるのが当たり前と分かったが、それではチェルノブイリ級の原発事故がドイツの原発で発生した場合の被害の予想はどうか。これについては、人口密度がチェルノブイリの立地するウクライナの７～10倍のドイツでは人的被害は甚大なものになることが予想される。ドイツ連邦経済省の委託研究（1992）などによると、その場合のガン死亡者の数は170万人～1200万人と推定される。したがって、結論としては、大事故を心配するのはむしろ当然のことであり、決してヒステリーではない、と言える。ここで注意すべきは、日本の人口密度はドイツのそれの約1.5倍あるという事実である。ここで、2011年の福島原発事故の際に、東京圏１千数百万人の住民が緊急避難しなくて済んだのはまったく幸運な偶然の重なりのおかげであったことを思い出す

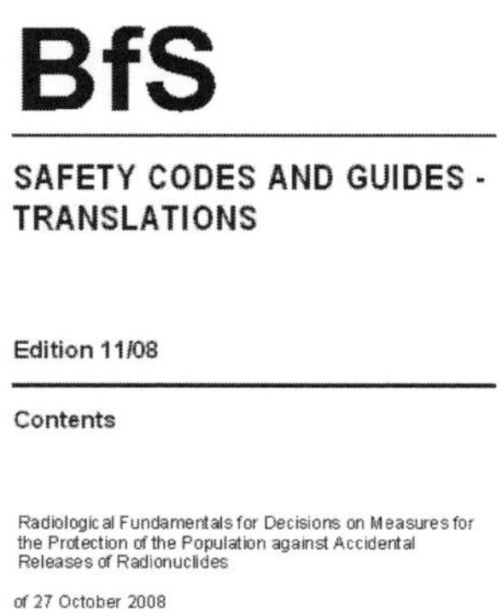
BfS

SAFETY CODES AND GUIDES - TRANSLATIONS

Edition 11/08

Contents

Radiological Fundamentals for Decisions on Measures for the Protection of the Population against Accidental Releases of Radionuclides

of 27 October 2008

写真14　原発事故時の放射能汚染対策マニュアル、連邦放射線保護庁（BfS）、2008

出典：http://www.bfs.de

と、事故の想定は決して単なる絵空事ではない。

ドイツでは前述のように、原発事故は起こりうる事象であると認識されているので、それが起きた場合の対策については、きわめて具体的なマニュアルが連邦放射線保護庁（BfS）から発行されている。これについては英訳版が入手できるので、参考にされたい。

4 欧州諸国の脱原発への流れに対する福島原発事故（2011年）の影響

(i) 福島原発事故の影響を受けた欧州諸国

スイスとベルギーは福島原発事故を受けて、脱原発を決定した。スイスは2034年、ベルギーは2025年までに脱原発を完了する予定。

イタリアは、すでに達成した脱原発を維持することを国民投票で確認した（2011年）。

ドイツは、2002年に決めていた脱原発の期限（操業年限32年間）を福島を契機に2022年に前倒しした（2011年）。

フランスは、オランド大統領が、2025年までに原発依存率を現在の75％から50％に引き下げると発表（2011年）。これをエネルギー転換法で法制化した（2015/7/22）。

(ii) 福島原発事故の影響を受けなかった欧州諸国

福島原発事故にもかかわらず、原発路線を維持する欧州諸国もある。それらとは、英国、フィンランド、東欧諸国、オランダ、スペインである。フィンランドと東欧諸国は、ともにロシアに隣接しているという地勢的状況にもかかわらず、エネルギー面でロシアに依存したくないという理由で原発路線を維持している。

(iii) 福島以前から原発は持続可能でないと見ていた欧州諸国（ウィーン宣言）

欧州6カ国（ドイツ、オーストリア、イタリア、アイルランド、ラトヴィアおよびノルウェー）の環境大臣がエネルギーと地球温暖化をテーマに会議を行い、「原子力エネルギーと持続可能の発展とは相容れない」という文章を盛り込む共同声明を2007年10月1日、ウィーンにて採択。12項目の合意事項を発表した。その内の1項目は次の内容：Emphasized their view that nuclear power is not compatible with the concept of sustainable development and that they are convinced that nuclear power does not provide a viable option to combat climate change. 詳細はドイツ連邦環境省の次の英語プレスリリースを参照：www.bmub.bund.de/N40059-1/。地球温暖化防止のためには原子力発電を廃止するべきであるという見解については参考文献［6］を参照されたい。

5　脱原発を可能にするエネルギー政策

（i）省エネ　　ドイツの「脱原発を可能にするエネルギー政策」については、本章の「1　ドイツの環境政策」の「2　ドイツ政府のエネルギー政策」において、「ドイツ政府は、現在、脱原発と地球温暖化対策を両立させることを目指すエネルギー政策（ドイツ語でエネルギーヴェンデ政策という）を進めつつある」と述べて、その概略を紹介した。そのためには、省エネと効率革命をとことんまで推し進めた上で、再エネ発電を拡充する、という優先順位が重要であることを強調した。この考え方は、ドイツに限らず、欧州で脱原発を目指す諸国に共通する考え方である。その理由は、省エネの圧倒的な経済的優位性である。これに関して、スイスのチューリヒ連邦工科大学のエーバーハルト・ヨッヘム教授は次のように述べている。「1キロワット時のエネルギーを太陽電池で発電するための投資には、同じ量のエネルギーの消費を最新の技術で回避する（省エネ）ための投資の5〜20倍もの金が掛かる」。

　以下では、ドイツとスイスについて、国としての省エネ目標を出発点にして脱原発の完了目標年を設計した跡を辿る。2008年から2050年までの国としての一次エネルギー消費削減目標をドイツは42％と、スイスは46％としている。片や、一次エネルギー消費に占める原発の割合は、ドイツは12％、スイスは25％である。ここで、2008年から2050年までの国としての一次エネルギー消費削減が、線形に起こると仮定すると、両国の省エネは図表13のように達成される。したがって、ドイツの場合には、国の一次エネルギー消費に占める原発の割合12％が省エネによる節約によって生み出されるのは図表13のように2020年になる。これに余裕分の2年を加えて、脱原発達成目標年を2022年とした。スイスの場合は余裕分を3年として、脱原発達成目標年を2034年とした。

　なお、スイスはGDPあたりのエネルギー消費が世界で最小の国だが、その

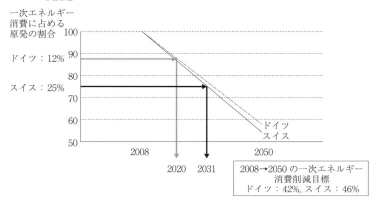

図表13 スイスとドイツでは省エネだけで脱原発が達成可能なように目標年を設定

出典：筆者作成

エネルギー消費をさらに70％削減して《2000W 社会》を実現することを国家プロジェクトとして推進している。その詳細は《2000W 社会》をグーグルに入力すると得られる。

(ii) **再生可能エネルギー**　脱原発はこのように省エネだけで達成できるが、地球温暖化対策のためには現在使用中の化石燃料発電を再エネ発電に置き換える必要があるので、欧州の脱原発を目指す諸国は再エネ発電の拡充に注力している。なお、それに関しては、2の1の「(i) **EU の20-20-20ターゲット**」の記述を参照してほしい。

〔参考文献〕

[1] AGORA Energiewende: *12 Insights on Germany's Energiewende*（全36頁）
https://www.agora-energiewende.de/fileadmin/downloads/publikationen/Impulse/12_Thesen/Agora_12_Insights_on_Germanys_Energiewende_web.pdf.（ベルリンのハインリヒ・ベル財団の HP には、エネルギーヴェンデを日本語で説明するサイトがある：http://energytransition.de/. また、ドイツのエネルギーヴェンデ、すなわちカーボンゼロエネルギー社会の実現のための時間とコストがどれぐらい莫大なものかということを、ドイツのフラウンホーファー風力エネルギー・エネルギーシステム研究所が、米国のアポロ月面着陸計画と比較して

第7章　ドイツ・欧州の環境保護・脱原発

いる。これによれば、アポロ計画の40倍のコスト（1兆＄）と3倍以上の期間がかかる。http://www.herkulesprojekt.de/en.）

[2] UBA: *2050: 100%, Energy Target 2050: 100% renewable energy supply*. http://www.umweltbundesamt.de/sites/default/files/medien/publikation/add/3997-0.pdf（全43頁）

[3]連邦環境省（英文）：*Renewable Energies - Innovation for the future*. As of: April 2004, http://www.dlr.de/tt/Portaldata/41/Resources/dokumente/institut/system/publications/broschuere_ee_innov_zukunft_en.pdf.（再生可能エネルギーに関するきわめて推奨できる解説書。全129頁）

[4]望月浩二（2016）「最新！ドイツ温暖化対策事情、第2回：ドイツ初のバイオエネルギー完全自給自足自治体『ユーンデ村』」地球温暖化2011年11月号（隔月誌）、日報ビジネス社（ドイツ初のバイオエネルギー完全自給自足自治体「ユーンデ村」に関する日本語資料）

[5] *Optimierung der Verwertung organischer Abfälle*　「生ゴミの活用の最適化」、連邦環境庁、2012/7（全133頁）。http://www.umweltbundesamt.de/publikationen/optimierung-verwertung-organischer-abfaelle（独文報告書だが、全2頁の英文要約あり）

[6]「最新！ドイツ温暖化対策事情、第28回：地球温暖化防止における原子力発電の役割――ベルリン自由大学のルッツ・メツ博士の見解」地球温暖化2016年5月号（隔月誌）、日報ビジネス社

第8章　欧州風刺地図と英国の独立精神

山本　真司

1　欧州風刺地図の伝統

　ヨーロッパと英国の関係は一筋縄ではいかない。Brexit（ブレグジット）問題に揺れる昨今の英国事情も、アジアにおきかえてみれば、ユーラシア大陸東端の沿岸沖の海上に浮かぶ島国日本と近隣大陸諸国との今なお複雑な緊張関係から彼らの気持ちが少しは理解できるかもしれない。それは地政学的な問題だけでなくグローバル経済の視点からも、ビジネスマンや観光客、それに移民や労働者など人や商品の流通・移動に大きく関わる問題である。英国ではかつて栄華を極めた大英帝国の自負とプライドからか、特にシニア世代に自国優位の反欧州意識や民族感情が爆発する源泉となっている。英国がEUの前身である欧州共同体に加入したのも約20年遅れであったことに加え、その単一通貨であるユーロを導入することなく自国の通貨であるポンドを維持し続け、またEU加盟国内の自由な移動をビザなしで可能にする「シェンゲン協定」にも未加入のままであることを考えれば、ヨーロッパへの地理的文化的親近感とともにその裏に見え隠れするのは、実質的にEUの手動権を握っているフランスやドイツに対する英国民の伝統的なライバル心や懐疑心なのかもしれない。
　英国人の独立精神が大陸との地理的な位置関係と無関係ではないことは明らかであるが、それが英国民の少々複雑な民族的メンタリティーをどのように醸成してきたかということを考えるうえで、カリカチュアの一種である欧州風刺地図という視覚メディアは、英国と大陸の関係性についてのきわめて有用な視点を提供してくれる。カリカチュアというのは、もともとルネサンス初期に西

第 8 章　欧州風刺地図と英国の独立精神

欧で生まれた風刺画を意味するが、欧州風刺地図もその伝統から派生したものである。近代においてカリカチュアは、アイルランドの風刺作家であるスイフト（1667〜1745）らの影響を受けながら、夏目漱石も高く評価したロンドン生まれのホガース（1697〜1764）の風刺画によって花開き、その後ナポレオンの風刺画で一世を風靡した同じくロンドン生まれのギルレー（1757〜1815）に受け継がれていった。このような風刺画は、人間の表情や暮らしを滑稽に描いたり動物に喩えて笑いを誘う戯れごとのようなものから始まり、次第に敵や権威に対し、批判精神を持って現実社会や戦争の悲惨さや不平等さに目を向けるようになったのである。

図表 1　「東アジア問題」

出典：『ガシャーン』（ベルリン、1895 年 5 月 5 日）

　図表 1 は、ベルリンで発行された1848年創刊のドイツの風刺雑誌『ガシャーン (Kladderadatsch)』に掲載された1895年 5 月 5 日付けの風刺画である。これは日清戦争で日本が奇跡的勝利を収め、その年の 4 月17日締結された下関条約で朝鮮が清から独立を果たしたことを風刺している。侍の格好をして腰を低くした日本が、大女の残った足首（＝朝鮮）をノコギリで気づかれないように切り落とそうとしており、頭部を占める西欧の驚く様が示されている。アレゴリカル（寓喩的）な視覚表現によって読者が一目で地政学的情報や力関係を把握できるだけでなく、意外な滑稽味とともに大変強い印象を残すことがわかる。

　このように、風刺地図とは地図の形状を動物や人物像に見立てる風刺画のことであり、言葉とイメージを組み合わせるエンブレムという技法において擬人法的画法が流行したルネサンス時代以降、頻繁に見られるようになったものである。特にヨーロッパという地名の由来となったギリシャ神話のエウロペ姫との関係から、その後ヨーロッパ大陸をかたどることになる女性君主像の他の大陸に対する卓越と誇りへと繋がっていく。君主の肖像画が国や民族全体を表象

するということに関しては、貨幣の表面に君主の肖像を刻印するという慣習自体が表象の自明性を保証しており、地図上においても君主の威光の及ぶ範囲が君主の横顔で象られることに対して実際何の違和感も抱かれなかっただろう。

そこで本章では、ルネサンス期以降たびたび擬人化されることとなった欧州風刺地図を例にとりながら、欧州大陸との関係で英国はどのように表象されてきたのかを考察し、そのような関係性のなかに、現在まで綿々と引き継がれている英国の独立精神の根深さをまざまざと垣間見ることになるだろう。

2　国家を代表する貨幣の君主像

言うまでもなく英国の君主は英国の象徴そのものであり、多くの点において国家と同意語となっている。そして君主の肖像画には英国の歴史、伝統、そして文化の概念がすべて埋め込まれているため、少なくとも英国民の愛国的想像力の中で現女王が黄金期のエリザベス女王同様に今でも全宇宙の秩序の象徴であっても何の不思議もない。国王や女王の肖像、つまり君主の絵画的表象が固有の政治的文化的アイコン（偶像）として機能するため、切手には君主の肖像が「英国」という言葉の代わりに本質的な刻印として用いられているのだ。そのため、君主の肖像画は、国王の外見あるいは自然な身体の有様を映しながらも、王権のオーラ、つまり「政治的身体」を表象しなくてはならないのだ。

英国硬貨の中でも特に身近な50ペンス硬貨に刻印されたエリザベス女王の横顔は、加齢に合わせて変化を帯びている。1973年にはじめて英国が、デンマークやアイルランドとともに1957年に発足した欧州経済共同体（EEC）に加盟した際には若き女王の肖像画が刻印されていたが、その裏面には9本の手がしっかりと繋がれ協調と合意を象徴する円環の図案が選ばれている。そして、1992年から翌年にかけて英国がEECの議長国を務めた際には、すでに少女の面影に別れを告げ毅然とした面立ちとなり、その裏面に描かれたのは、加盟12議席の頂点に英国が君臨する図案であり、当時の英国の誇り高い矜持を明示している。また、1998年5月1日に欧州中央銀行が発足し、翌年元旦に単一通貨ユーロが導入されることを記念して発行された硬貨では、女王はさらに年齢を重ね

て深くしわや筋を刻んだ厳しい横顔となり、その裏面には12の星がランダムに描かれているが、それらに国名を区別できるような特徴は一切なく、序列による優劣もないことがはっきりと示されていた。

　このように50ペンスの裏面には英国の紋章や記念すべき国民的行事のシンボルが刻印されることが慣例となっているが、本章の主題に関連して特に注目したいのが、残念なことに2008年で流通が途絶えてしまったが、50ペンス硬貨の裏面に君臨し親しまれてきたブリタニアという英国を擬人化した女神像である。通常、ユニオンフラッグを描いた盾とポセイドンのトライデント（三叉槍）を手に持ち、女神アテナの兜をかぶった姿で表され、英国王室の紋章にも用いられるライオンを伴っているが、フクロウと同様女神アテナに付随するライオンはここでは盾の代わりに平和や豊穣、勝利などのシンボルとなる。つまり、ブリタニアの図像は、トライデントと盾によって英国の制海権と軍事力を示すとともに、知恵と威厳をもって豊かさと平和を維持する意図を暗示しながら、「ルール・ブリタニア」やブルドッグをともなうジョン・ブル像などとともに英国の国民的徳目を多様に表現することになる。

3　言説としての地図──ヨーロッパのイメージ

　西洋の歴史においては、地図も同様にいわゆる言説の一種としてその読者にさまざまな情報や意見、解釈を伝達する媒体として大いに活用されてきた。しかし、地図自体は単に事実を分かりやすく伝えるというだけではなく、その装飾的な視覚装置によって空間を支配する権力に都合のよいイデオロギー的性格を帯びていることが多かった。またそれは一種の視覚言語として特定の主義主張や世界観を表現することを可能とした。つまりそれらは地主や政府にとって都合のよい支配・管理の道具であり、まさに社会における権力のありようを空間的に表現することのできるエンブレムだった。

　ヨーロッパの概念についてはこれまで学者によってさまざまに論じられてきたが、興味深いことに意見の一致を見ているのは、このヨーロッパという共通認識の歴史的形成過程においてルネサンスという時代が極めて大きな役割を果

たしているという事実である。D. ヘイの先駆的著作『ヨーロッパ：ある概念の出現』(1957) は、ヨーロッパのイメージが中世からルネサンスにかけて地図や線画、版画、絵画などの視覚メディアを通してキリスト教と融合する過程を検証した。そしてマイケル・ウィンテルがその著『ヨーロッパのイメージ：地図製作と図像学におけるヨーロッパ視覚化の歴史』(2009) で明らかにしたのは、ヨーロッパがルネサンスまでには王位にふさわしい立派な女性像として擬人化されてきたという事実である。その象徴的な意味は、当時の読者にはもちろん一目瞭然だったが、時代とともに大衆意識に浸透し、現代においても他の政治風刺画などと同様に、比較的理解しやすいものとなったのだ。

そして、オルテリウスの世界地図『世界の舞台』(1570) 以来、ヨーロッパが世界で最も高い地位を占めることは所与の事実として様式化され、多くの権威がそれを拡散していった。なかでも影響力の大きかったものがジョヴァンニ・ボッテーロの『諸国関係論』(初版1590年代、英訳1608) であり、17世紀の半ばまでには、ヨーロッパは他の大陸に対する優位性を一般大衆の想像力のなかに確立したのである。また1660年以降に出版されたオランダ人ヨハン・ピカード (1600～1671) の本は、学問や芸術、宗教や戦争方法、支配能力などにおいてヨーロッパに王冠を与えるという行為を正当化していった。

その結果ヨーロッパは、ルネサンス時代以後、人格化された地図において女王として世界を支配することとなる。つまり、ヨーロッパはアジア、アフリカ、そしてアメリカの三大陸に対して女王として君臨し支配権を誇示したのである。

図表2　マールテン・ド・フォス「冠を戴くヨーロッパ」
　　　　(1595年頃)

出典：Schuckmon 1995：vol.46, Part 2, p.198, no. 1396.

第 8 章 欧州風刺地図と英国の独立精神

図表 2 ではヨーロッパに付帯するものとして、王冠、王笏、豊穣の果物、豪華な衣装、そして、背景には多数の牛馬、強力な軍隊、堅牢な城、どこまでも続く豊かな景色が見える。マールテン・ド・フォスが大陸を描いた作品（1589年頃）に添えられた文章のいくつかでは、ヨーロッパの肖像にとって新世界の重要性が表明されている。つまり権力ある支配者、あるいは世界の商人として、アメリカという他者がエキゾチシズム（牧歌的理想郷として、搾取されるべき豊穣、野蛮性・人肉食）のうちに表象される基盤ともなる文明化の源泉としてヨーロッパが表象され

図表 3 　チェーザレ・リーパ、「4 大陸」

出典：チェーザレ・リーパ『イコノロギア』（1644年）

る。諸所に現れる十字架のイコノグラフィーからもわかるように、その支配権を正当化し確立するうえで重要な役割を果たしているのが教会であった。

　かくして、ヨーロッパはルネサンス時代に世界の女王としての図像学的地位を確立した。そして、そのイメージの影響は優に近代まで続き、中世末以降ヨーロッパ人が抱き続けている一般的な西欧中心主義的な視点の醸成に貢献してきた。そのイメージは主張が強く支配的かつ凱旋的なものであり、概してヨーロッパにおける発見と上昇の時代に勃興したことは偶然ではないといえる。

　ルネサンス以降、大陸の擬人化像に関しても文明化の度合いを反映する傾向が強まってきた。そこでヨーロッパが文明の尺度を表す位階の頂点に君臨することは言うまでもないことであった。

　そのような認識を活版印刷という当時の最新メディアに載せて広く拡散することに貢献したのが、チェーザレ・リーパの『エンブレム集』（1593）であり、特に、初めて図版がつけられた1603年版であった。図表 3 の1644年出版のオラ

ンダ版では、その後20世紀近くまで多大なる影響力を持つことになる4大陸の特徴がそれぞれ擬人化されている。

　ヨーロッパは唯一王冠を戴く人物として描かれているが、それは彼女が世界の女王であり主人であることを象徴的に示している。またヨーロッパは豊穣の角に両側を囲まれ、ローマの聖ペテロ教会に基づく教会を右手に掲げ持ち、背後の武器と軍馬によってその卓越した軍事力を示す一方、パレットと楽器で豊かな芸術の才能を、また石工の道具で壮麗な建築物を建てる能力を、そしてフクロウと本によって深い知識と学識を示している。それに対して他の大陸は、アジア、アフリカ、アメリカという順に「野蛮性」と「他者性」を示す象徴的付属物をそれぞれともなった姿で表されるのみなのだ。

4　風刺地図にみるヨーロッパと英国

　では、ルネサンスに流行をみることになるヨーロッパの擬人的風刺地図において、英国はどのように表現されているのだろうか。いくつか代表的な例をみながら考えてみたい。

　図表4、5は、有名な風刺地図「女王としてのヨーロッパ」の例である。前者では、英国とスコットランドはまだ女王の王杖にわずかに触れているが、後者ではもう触れることもなくただの背景に過ぎず、「女王としてのヨーロッパ」の象徴体系から完全に切りはなされてしまっている。

　ローマカトリック教会中心のヨーロッパから切りはなされ、独自に英国国教会を打ちたてたためにこのような扱いを受けていることに対して、当の英国人たちは一体どのように感じていたのだろうか。このようなヨーロッパ中心主義に対する反発は、実際、英国がエリザベス女王の下で力を増大させるに従って高まってきたのである。

　図表6は、ヨーロッパが女王として描写された初期の例のパロディである。その王冠はスペインの頭部を支配し、イングランドとウェールズは剣を振るう左手となり、右手の宝珠はイタリアをも圧倒している。スペイン王フェリペ2世（1527〜1598）は、スペイン国王（在位：1556〜1598）であるだけなく、イン

第8章　欧州風刺地図と英国の独立精神

図表4　セバスチャン・ミュンスター「女王としてのヨーロッパ」

出典：セバスチャン・ミュンスター『普遍的宇宙構造論』(1588年)

図表5　ヨハネス・プッチ（あるいはブキアス）の図像のヴァリエーション「女王としてのヨーロッパ」

出典：ハインリヒ・ビュンティング『聖書の旅』(1592年)のチェコ版より

図表6　「ヨーロッパとしてのエリザベス女王」1598年、作者未詳

出典：アシュモリアン美術館所蔵、オックスフォード

グランド女王メアリ1世（1516〜1558）との結婚期間中は共同統治者としてイングランド王フィリップ1世の称号をもち、1580年以降は、フィリペ1世としてポルトガル国王も兼任した。イギリスにとってポルトガルは同盟国だったが、敵国のスペインに対してはエリザベス女王がフェリペ2世

を1588年にアルマダ海戦で打ち破っている。つまり、この風刺地図が主に言及しているのは、アルマダ艦隊壊滅と、1589年のフランス同盟の敗退、オランダをカトリック教会、イエズス会やスペインから解放する戦争である。

　同じ主題を扱ったものに有名な「アルマダ・ポートレート」(1588)があるが、そこでもエリザベス女王が象徴的体系に囲まれながらスペイン艦隊に対する歴史的勝利を記念している。また地図の上に女王が立っていることで有名な「ディッチリー・ポートレート」が描かれたのは1592年のことだったが、1598年はフェリペ３世（ポルトガル王としてはフィリペ２世）が、初めてスペイン、ナポリ・シチリア、ポルトガルの王として（1621年まで）君臨した年で、この時期英国の肖像画は、芸術的な観点からいえば、イタリアのカトリック的技法から離れ、むしろオランダやベルギーなど低地地方の写本装飾や紋章画の技法を取り入れていった。「アルマダ・ポートレート」では、アルマダ海戦に対する英国の勝利が２場面に分けて描かれており、後に「ディッチリー・ポートレート」でも使用されるイコノロジーが見られる。女王の手は、王冠の元で地球儀に置かれ、その手の下のアメリカ大陸を含めた新世界の海域を英国が支配していることを、神聖ローマ帝国を想起させる２本の柱などのさまざまな象徴とともに示している。そして、「ディッチリー・ポートレート」は、その作者でもあるサー・ヘンリー・リーが1592年の９月に女王を招いて開いた象徴的な余興を記念して描かれたといわれており、女王はオックスフォードシャーの上に立ち、作者であるリーが愛人と結婚したことを「赦免」することを示すような象徴と文言が書き込まれている。これらの風刺地図では、地図が２Dから３Dへと視覚的効果に工夫が施され、見る者に対してより大きなインパクトを与えていると同時に、自らの支配者に対してデミ・ゴッドに感じるような畏敬と親愛の矛盾した念を感じることになったであろう。そして、その奇妙な一体感こそが、英国民の独立精神を維持し、補強してきたのである。

　図表６では、エリザベス女王は、ディッチリー・ポートレートで英国の地図の上に立っていたり、アルマダ・ポートレートのように地球儀の上に手を置いたりする代わりに、1588年のミュンスターの地図をパロディ化しつつ、自らの身体をヨーロッパの地図と化し、その眼差しをはるかアフリカに向けている。

オランダのプロテスタント風刺画として描かれたこの絵のポイントは、反スペインと反カトリック、そして反ハプスブルク支配である。ローマ教皇はすでに北極海に敗走しており、それを英国の島々が剣を振りかざす左腕となって威嚇している。アメリカの批評家ルイ・モントローズの解釈によれば、女王の右胸が露わになっているのは、図像学的に「豊穣」あるいは「乳母」の役割を表しており、その一方、剣を持つ左半身はアマゾネスのような軍事的卓越を表し、戦闘的なプロテスタント改革派や国内のタカ派にはこのようなヨーロッパにまたがってプロテスタントの大義のために戦う女傑は大変歓迎されたことだろうということである。

また、三頭の反キリストのローマ法王によって率いられる聖職者たちの船団の脅威を、英国の支援をもって食い止めよう（あるいはスペイン船を拿捕しよう）と四方を柵で囲まれながらもライオンに守られながら孤軍奮闘しているのは、国外に逃亡したネーデルラント人たちがカルヴァン派の貴族貴族を中心に結成した「海の乞食団」である。ユグノー（フランスのプロテスタント教徒）は、1562年のハンプトン・コート条約以来エリザベスから援助を受けていたが、アンリ4世によって1598年4月に、プロテスタントに信仰の自由を保障するナント勅令が出されたことにより40年近く続いた宗教戦争も休戦となったのである。

5　現代につながる風刺地図の伝統と英国の独立精神

カナダの新聞「ハミルトン・スペクテイター」に寄稿する風刺漫画家のグレイム・マッケイは、フレッド・ローズ（1849～1915）「復讐者：1877年の寓喩的戦争地図」（図表7）の現代版パロディを制作し、プーチン大統領をロシアのヒドラ的なオオダコとして描いているが、この例は100年前の風刺画が現代でも十分に地政学的リスクへの警鐘として通用することを示している（図表8）。

また、フレッド・ローズ「復讐者：1877年の寓喩的戦争地図」の別図案（図表9、10）では、イングランドは聖ジョージとドラゴンとして描かれ、露土戦争をめぐる東欧問題の解決に積極的にかかわろうとしている。一方スコットランドはサー・ウォルター・スコットの作品を抱えて追いつこうとしており、ア

図表7　フレッド・ローズ「まじめでしかも滑稽な1877年の戦争地図」

出典：大英博物館所蔵、ロンドン

図表8　グレイム・マッケイ「ロシア、2008年」

出典：「ハミルトン・スペクテイター」2008年8月15日付

イルランドはまるで探偵のようにパイプたばこを口にくわえ、右手に持った虫眼鏡を目に当てながら両国の動きを精査している。

トゥレヴァー・R.プリングルは、ロラン・バルトの記号論を援用しながらヴィクトリア朝のハイランド神話を分析し、そこでは偶発的で歴史的なものは穏やかな自然の秩序のイメージの中に失われると述べている（コスグローブ 2001：214）。つまり、神話とはイメージの非政治化の過程であり、歴史を自然へと変質させ作りかえる再現の場そのものなのである。英国が、ルネサンス以降キリスト教のヨーロッパを1人の女王に見立てるような「ヨーロッパ」表象においては、英国は単なる背景か意味を持たない物体のような扱いに過ぎず、イングランドをドラゴン退治の聖ジョージに見立てるにしても、歴代女王のもとで数々の黄金時代を経験してきた英国人にとっては許しがたい思いであることは間違いない。

英国とEUの危険な関係にしても、そもそも「統一ヨーロッパ」というアイデア自体、英国のチャーチル元首相の構想だったことを思えば、英国シティのナンバーワン・エコノミストの1人である論客ロジャー・ブートルが『欧州解

体』(2015) で論じているよ
うに、ドイツ一極支配はごめ
んだという潜在的恐怖心が英
国人の頭から容易にぬぐい去
れないことは想像に難くな
い。EUからの独立は、英国
民に自由に神話を描かせる自
由を与える。しかし、EUへ
の参加によって、再びミュン
スターの図絵のように、ヨー
ロッパという女王の持つ王笏
に触れる霧か雲の切れ端程度
の存在として扱われるのでは
という屈辱への潜在的恐怖心
があるだろう。だからこそ、
歴代のEUの指導者たち(だ
けでなくEU賛成派の人々もた
いていそうだが)は、地理的
に近接した国々が政治・経済
的に堅く連合しうるという第
一次世界大戦ころまでしか通
用しない「根本的に誤ったビ
ジョン」を持つ嫌いがあった
のである。「距離が大きな障

図表9　フレッド・ローズ「復讐者：1877年の寓喩的戦争地図」

図表10　フレッド・ローズ「復讐者：1877年の寓喩的戦争地図」部分

出典：図表9・10はコーネル大学図書館所蔵、ニューヨーク

害となった時代に、英国は史上最大の帝国を築き、管理した。…言語、文化、共通の歴史、法、仲間意識などが地理に打ち勝つ時代があるとすれば、間違いなく今がそれなのだ」とブートルは結論づける。そして、将来の欧州が根本的改革によって生き延びるにしろ、消滅するにしろ、はっきりしていることは、「欧州の繁栄を増進すること、世界の中での欧州の発言力を強化することは、

欧州の国民国家に——単独であれ、新たな連合の一員としてであれ——任せるべき」なのだ。

　エドワード・サイードはその著『文化と帝国主義』(1998年)で、帝国にはさまざまな統治とそれに対するさまざまな抵抗の形式が存在しており、西洋近代史において帝国主義はみえない監獄や空気のようなものとなり、いかなる文化もその帝国主義化を逃れることはできないことを指摘している。またそれは土地とその民族をめぐる闘争も同様であるが、さらに興味深いのは「地理をめぐる闘争」が「思想と形式とイメージとイメージ創造」を伴うことである。本章ではそのような土地やジェンダーをめぐる闘争がすべて帝国主義や植民地主義的な闘争と結びつけて論じられたわけではない。しかし、それは今後の筆者の課題であるとともに、文学テクストや図像文化の雑種性、混淆性、不純性からアクチュアリティを掘りおこすことにより、現代にまでつながる英国の独立精神と地政学にかかわるさまざまなイメージ群との関係について、すくなくとも風刺地図というものを普段目にする機会のない読者にさまざまな視点から考えることのできる幾ばくかの材料を本章が提供することができたのではないかと思う。

〔参考文献〕
飯田操（2005）『イギリスの表象——ブリタニアとジョン・ブルを中心として』ミネルヴァ書房
石子順（1993）『カリカチュアの近代——7人のヨーロッパ風刺画家』柏書房
一條都子（1995）「イギリスの解体？——マルチ・ナショナル国家イギリスとEU」西川長夫・宮島喬編『ヨーロッパ統合と文化・民族問題——ポスト国民国家時代の可能性を問う』人文書院、234-251頁
コスグローブ，D. ／S. ダニエルス（2001）『風景の図像学』千田稔・内田忠賢監訳、地人書房
コリー，リンダ（2000）『イギリス国民の誕生』川北稔訳、名古屋大学出版会
サイード，エドワード（1998）『文化と帝国主義』大橋洋一訳、みすず書房
指昭博（1999）『「イギリス」であること——アイデンティティ探求の歴史』刀水書房
指昭博編（2007）『王はいかに受け入れられたか——政治文化のイギリス史』刀水書房
清水勲（2015）『風刺画で読み解く近代史』三笠書房
中川久定／J. シュローバハ（2006）『十八世紀における他者のイメージ——アジア

の側から、そしてヨーロッパの側から』河合文化教育研究所
ブートル，ロジャー（2015）『欧州解体――ドイツ一極支配の恐怖』町田敦夫訳、東洋経済新報社
水之江有一（1991）『図像学事典：リーパとその系譜』岩崎美術社
Berger, Stefan, and Chris Lorenz (2011) *The Contested Nation: Ethnicity, Class, Religion and Gender in National Histories*, Basingstoke: Palgrave Macmillan.
Bindoff, S. T. (1945) "The Stuarts and Their Style," *English Historical Review* LX (CCXXXVII): 192-216.
Hay, Denys (1989) *Europe in the Fourteenth and Fifteenth Centuries*, 2nd ed., London: Longman.
――― (1989) *Europe: The Emergence of an Idea*, 2nd ed., Edinburgh: Edinburgh University Press.
Martin, John Jeffries (2007) *The Renaissance World*, London: Routledge.
Montrose, Louis (2006) *The Subject of Elizabeth: Authority, Gender, and Representation*, Chicago, Ill.; London: University of Chicago Press.
Robbins, Keith (2011) "Ethnicity, Religion, Class and Gender and the 'Island Story/ies': Great Britain and Ireland," in Stefan Berger and Chris Lorenz eds., *The Contested Nation: Ethnicity, Class, Religion and Gender in National Histories*, Basingstoke: Palgrave Macmillan, 2011.
Schmidt, Benjamin (2001) *Innocence Abroad: The Dutch Imagination and the New World, 1570-1670*, Cambridge: Cambridge University Press.
Schuckman, Christian, and Dieukwe de Hoop Scheffer, eds. (1995-6) *Hollstein's Dutch and Flemish Etchings, Engravings and Woodcuts, 1450-1700*, vols. 44-6, *Maarten De Vos*, Rotterdam: Sound & Vision Interactive.
Thrower, Norman J. W., ed. (1978) *The Compleat Plattmaker: Essays on Chart, Map, and Globe Making in England in the Seventeenth and Eighteenth Centuries*, Berkeley: University of California Press.
Van Wie, Paul D. (1999) *Image, History and Politics: The Coinage of Modern Europe*, Lanham; Oxford: University Press of America.
Wintle, Michael J., ed. (1996) *Culture and Identity in Europe: Perceptions of Divergence and Unity in Past and Present*, Aldershot: Avebury.
――― (2006) *Image into Identity: Constructing and Assigning Identity in a Culture of Modernity*, Amsterdam: Rodopi.
――― (2009) *The Image of Europe: Visualizing Europe in Cartography and Iconography*, Cambridge: Cambridge University Press.

第9章　ロシアと中央アジアにおける労働力移動とジェンダーの変容

五十嵐徳子

1　ソ連解体と人々の移動

　この章では、ロシアと中央アジアの労働力移動とジェンダーの変容について、先行研究と筆者の現地調査の結果を中心に分析、検討する。

　東西ドイツ統一と真逆の方向にあったのが1991年末のソ連解体であった。世界の約6分の1弱を占めていたユーラシア大陸の国が15の独立国家となった。そのソ連解体からすでに25年が経つ。この大きな空間で、巨大な規模で人の移動が起きた。ソ連解体以前から人々の移動はあったが、独立国家となり国境線が引かれることによる大きな国際移動が出現した。

　旧ソ連の空間内の移動として、90年代前半期の、旧ソ連で発生した紛争に伴う難民や国内避難民の移動や、各共和国の非基幹民族の「本国」への帰還などがある（溝口（2007）、岡（2008）に詳しい。）。当初、移動する人々の主たる動機・関心は政治的なものであったが、それが90年代後半に次第に減ってゆき、経済的な理由へと変化していったと分析されている（湯浅 2010a：271）。ロシアを中心とした旧ソ連から海外へ、ソ連解体後90年代に経済的な理由で海外へ職を求める人々が移動した。主な移住先としては、アメリカやイスラエルなどであった。特に頭脳流出と呼ばれる科学者などの移住が問題となった。イスラエルへの移民も80年代後半以降に急速に増え続け、ロシア系ユダヤ人はイスラエルでは、政治的にも無視できない一大勢力となっている。このころから外国人と結婚して海外へ渡るロシア人やウクライナ人女性も急増し、偽造結婚なども問題となった。また、ロシアが労働移民受け入れを拡大していった背景にはロ

シアの少子化という問題もある。

2　移民大国ロシア

　EU加盟国の移民の受け入れなどに関する映像が流れることが昨今増え、移民問題と言えばヨーロッパと思いがちだ。あまり知られていないかもしれないが、実はロシアはアメリカ、ドイツに次ぐ移民大国で第3位である。現在、1200万人の外国人が把握されている（United Nations 2016：7）。経済的理由でロシアにやってきた人々の出身国は、ウズベキスタン、タジキスタン、ウクライナ、クルグズスタン、モルドバなどが多くなっている（CIS-Stat 2015：145）。それに伴い外国人による犯罪や不法滞在も問題になっており、ロシアへ来る移民の中で多くを占める中央アジアなどからの移民に対して差別的な感情を抱く人も多く、排外主義的な風潮が高まっていることも否めない。

1　ロシアと中央アジアとの移民関係

　ロシアと中央アジアの移民関係には古い歴史があると、ソビエト・ロシアの移民研究者のザイオンチコフスカヤは指摘している（ザイオンチコフスカヤ 2010：31）。彼女によると1950～60年代には中央アジアの工業化のためにロシアから人々の大規模な移動が生じたという。その後、80年代には中央アジアからロシア人を中心とした人々がロシア、ウクライナ、ベラルーシに移住した。それに拍車をかけたのがソ連解体であり、中央アジア諸国のみならずソ連の旧共和国からロシアへ移住するロシア人が増加したという（ザイオンチコフスカヤ 2010：30-31）。また、それと同時に中央アジア諸国の経済事情によって、より豊かなロシアへ出稼ぎに行く人々が増加した。

2　ロシアの移民政策

　ロシアではソ連解体以後、少子化、労働力の不足、人口減少といった人口動態の問題が先鋭化する。1989年に2.0であった特殊合計出生率は、91年に1.7、99年には1.2まで落ち込み、その後2014年では1.7まで回復しているが、それで

も労働力は足りていない (World Bank, World Development Indicators 2016)。そんな中、プーチン大統領は2006年5月10日の大統領の年次教書の中で、ロシアの人口減少という問題を解決することをはっきりと打ち出した。年次教書の中でプーチン大統領は、ロシアが抱えている人口問題を解決するためには、死亡率の減少と出生率の上昇のみならず、効果的な移民政策の実施が不可欠であると述べ、人口問題に真剣に取り組む姿勢を見せたのである。

(i) **移民の受け入れに関する法律**　1991年12月のソ連解体以後、90年代のロシアでは、外国人の出入国、居住、労働などに対応するための拠り所とされていたのは、ソ連時代の法律であった。しかし、ソ連解体後の市場経済移行期の混乱状況に対応するためにはソ連時代の法律では十分ではなかった (土岐 2003：139)。それと同時に、独立国家共同体 (CIS) 諸国の市民の域内の無査証移動は、92年調印のビシュケク協定によって保証されていたが、加盟国の制度変更のために、ロシアの場合は2国間、もしくは多国間の無査証協定を個別に結んでいた (湯浅 2010b：41-42)。その後、2002年に「ロシア連邦における外国人法的地位法」が制定され、ソ連解体後の混乱期を経て、ロシアにおける出入国管理、移民政策が行われるようになった。この法律によって、ベラルーシ以外の外国人に移民カードが導入された。これは、特にCIS諸国からのロシアへの不法滞在労働者の規制を意図するものであった。その後2007年には、外国人登録制度ならびに労働許可取得手続きの簡素化のための大幅な改正法を施行した (土岐 2003；湯浅 2010b 参照)。2010年には更に法律が改正され、ビザ免除協定を結ぶCIS諸国の外国人労働者は、労働パテントを個人の雇用主から収得すると、従来の労働許可が不要となった。しかし、更なる法改正によって、2015年1月1日に発足した経済連合に加盟している国 (ロシア、カザフスタン、ベラルーシ、アルメニア、クルグズスタン) 以外から外国人がロシアで労働するためには、ロシア語、ロシア史、ロシアの法律に関するに合格することが義務づけられた (堀江 2015：72-74)。これによりロシアへの労働移民の流入は減っている。

(ii) **排外主義**　労働資源が不足する中で、ロシア人に比べて悪い条件で雇用することができる中央アジアからの出稼ぎ労働者の存在は、ロシアにとって

はありがたいものであった。労働力を補うという意味では、移民を歓迎しつつも、ソ連時代のようにロシア語、ロシア文化を自然と身につけているソ連人とは違い、新しい世代の中央アジアからの労働者に対しては、ロシア人の間に排外的な感情が芽生え、暴力的な事件へと発展することも見られた。普通のロシア人たちの会話の中にも、「ソ連時代の中央アジアからロシアに来ている者は秩序があり、まともな者が多かったが、今ではレベルの低い者も多く、ロシアの町にごみが多くなったのも彼らのせいである」や「黒い奴ら（肌の色を指して、ロシア人に比べて）」とカフカスや中央アジアからの人々を指して侮蔑的に使い、排外的な風潮が見られる。

3　中央アジアの事情

　送り出し国の事情としては、本国の経済状況が芳しくないということが最も大きなプッシュ要因となっている。たとえばタジキスタンでは、主な産業が農業であり、農業に従事している人の割合が66％、工業4％、建設業3％、サービス産業27％となっている（World Bank, World Development Indicators 2016）。また、職業安定所に登録されている求人数も少なく、1人当たりの現金収入は年間594ドルであり（World Bank, World Development Indicators 2016）、タジキスタンでは、働きたくても仕事がない状況にある。更に、少子化が問題となっているロシアとは異なり、ウズベキスタンやタジキスタンでは、ソ連解体以後、出生率は低下しているものの、89年5.3（タジク）、4.2（ウズベク）、91年5.1（タジク）、4.2（ウズベク）、2014年3.5（タジク）、2.2（ウズベク）（World Bank, World Development Indicators 2016）と、国の働き手である若年層は増加しており、労働可能年齢（15～64歳）にある若年層は61％となっている（CIS-Stat 2015: 129）。このような状況下で、人々は自国を出て働きに行く以外にお金を稼ぐすべはないために、ビザを必要としないロシアへ出稼ぎに行くのである。そのロシアも何度も経済危機に見舞われているが、それ以上にタジキスタンやウズベキスタンなどの中央アジア諸国の経済状況は悪く、自国で働くよりはロシアで働く方がまだよいと考えている。

　また、中央アジアからの移民問題をジェンダーという観点から見ると、移民

は男性の方がはるかに多いが、女性の数も増えている。元々ソ連時代から中央アジアでは、他の共和国と異なり、特にタジキスタンや、ウズベキスタンでは、女性の就業率はそれほど高くはなかった。それはソ連以前からある家父長的な風習のために、女性は子沢山で家にいるのが、規範とされていたからである。しかし、ソ連解体後、次第に女性も働かなければ食べていけないといった状況が生まれ、男性のみならず女性もロシアへ出稼ぎに行くようになっていったのである。

3　中央アジア女性もロシアで働く

　ソ連時代は曲がりなりにも男女平等であるといわれ、望むと望まざるにかかわらず女性も労働力として動員されていた。これを平等というのかどうかということでは議論はあるが、ともかくもソ連全体の労働力率だけを見れば、ソ連時代は女性も男性と同じように仕事をしていたのである。ただ、共和国別に見ると大きな差があった。1970年以降はヨーロッパ部に位置する共和国の女性の就業率は高く、全就業者に占める女性の割は概ね5割強で推移していた。しかし、中央アジアのタジキスタンでは4割を超えることはほとんどなかったのである（五十嵐 2012：129）。この地域では、女性が多産であるために専業主婦も多く見られた。このことを裏付ける次の聞き取り調査の結果がある。

　筆者が2010年にタジキスタンのバルゾブ地区の区役所でイデオロギー担当のラジャヴォバ氏に当該地区のジェンダーの状況についてたずねた。タジキスタンは3つの州と1つの自治州から成る。さらに首都のドゥシャンベは州と同じ行政的位置づけで直轄市となっている。バルゾブ地区は、共和国直轄地の中の一地区であり、ドゥシャンベの北25kmに位置する保養地である。

　筆者の「ソ連時代、タジク女性は働いていたのですか」という質問に対し、「働いていた女性は少なかったです。幼稚園の先生、学校の先生、医者は女性が多かったですが。でも、これは大多数の女性ではありませんでした。そうですね、女性の15～20％くらいです」と答え、「ソ連全体では女性の就業率は高いですが、タジクでは働いていた女性は少なかったのですね」と質問を続ける

と、「うちの地区では大体25％くらいでしたね。その他の女性は専業主婦でした。ソビエト時代には、タジク女性は10人くらいの子どもを産んでたのですよ。少なくても6～7人です。14人産んだって人もいましたよ。どうやって働くことができるのですか。ソ連邦解体後は、状況はまったく反対になりました。公式には登録して働いていませんけれど、ほとんどすべての女性が働いています。小ビジネスをしてますよ。バザールで働いているのはほとんど女性でしょう」、と答えている（2010年8月17日インタビュー、五十嵐 2012：141-142；五十嵐・雲 2013：19-20）。

　また、現在の出稼ぎの状況について、夫がモスクワに出稼ぎに行き、夫の家族と同居しているフジャンドに住む28歳の女性が、次のように話してくれた。彼女は、18歳の時に結婚し、その後子どもを3人出産した。これまで結婚、出産で大学へ進むことができなかったので、これからフジャンド教育大学への進学を望んでいる。そして学校の教師になりたいのだという。なぜ教師なのかと聞くと、タジキスタンでは教師や幼稚園の先生くらいしか女性ができる仕事がないからだという（2014年3月9日インタビュー）。ソ連時代には、ソ連政府が破壊しようとしたにもかかわらず、中央アジアでは、家父長制はそのまま残り、女性は産み育てる役割を守ってきたのであるが、ソ連解体以後には、徐々に経済的な要因によって女性も働かざるを得なくなっていったのである。そして、すでに見たように出生率も下がってきている。タジキスタン国内では、女性が就くことができる職業が非常に限られており、教師、看護師、保育士のみであるために、夫と一緒にあるいは単独でロシアへ出稼ぎにいく女性も出現しているのである。女性が国内でそしてロシアで働くようになる状況の中でタジキスタンのジェンダーのあり方も変わりつつある。たとえば、タジキスタンではソ連時代には非常に少なかった離婚が漸増している（CIS-Stat 2015: 138）。これもジェンダーの変容の表れであろう。

4　インタビューに見る移民の状況

　筆者は、2010年から現在までロシアのペテルブルグを中心に移民に関する聞

き取り調査を行っている。前述したインタビューを含む、移民をはじめとした様々な中央アジアの人々やロシア人が調査対象である。調査地は、ロシアのペテルブルグ、タジキスタンのドゥシャンベ、フジャンドである。ロシアでのインフォーマントは、路上の売店で働いている女性であったり、さらにそれらの女性から紹介してもらった人、知り合いのロシア人の知り合いの移民女性などである。つてを頼っての調査が中心となっている。移民たちはインタビューに答えることに警戒している。それは答えることによって、今後ロシアで働くことができなくなる可能性やソ連時代から外国人との接触を避けるという習慣などの理由があると考えられる。また、タジキスタンでは、フジャンドの経済貿易大学の協力によって、インフォーマントを探してもらった。つてを頼る調査では、調査結果には偏りやフィルターがかかっていることは否めず、この調査結果をもってすべてを説明できるわけではないが、状況を把握するための材料となり得ると考えている。

　また、インフォーマントの氏名は仮名である場合もあれば、公表を承諾してもらっている場合には、実名のものもある。ここで使用している写真は、本文と関係あるものもあれば、全く関係のないものもあることをあらかじめお断りしておく。

1　フジャンドでのインタビュー

（i）**マイーダの家族の場合**　　マイーダは37歳、フジャンドに家族5人で住んでいる。夫（40歳）、長女（18歳）、次女（16歳）、長男（10歳）である。彼女は、法律関係の仕事に就いている。働き始めて5年になる。夫は公務員である。マイーダはロシアに出稼ぎに行ったことはないが、夫が、2010年～12年にモスクワと本国を行ったり来たりして働いていた。ロシアでの登録期間が切れるとタジキスタンに戻って、また行くといった具合であった。モスクワには知り合いがいたので、ビジネスを始めた。EUに加盟しているバルト3国のリトアニアのビリニュスやカウナスでドイツ車を買い付け、モスクワ経由でタジキスタンに中古車を運んで販売していたそうだ。バルト3国では、ソ連時代に共通語であったロシア語を使って売買していた。バルトの人たちはロシア人のことは嫌

いであるが、お金になるといった理由でロシア語を使っているという。旧ソ連圏内での人々の動きとロシア語の役割について再確認するような話である。

マイーダは夫がモスクワへ出稼ぎに行っていた時、夫の両親や実家の助けを借りて子どもを1人で育てていた。夫の両親とは別居で、仕事をしながら1人での子育ては非常に大変だったという。彼女はインタビューの次の年にもう1人子どもを生んだ。すぐに職場へ復帰するという。現在のタジキスタンでは、出産しても、もし仕事があれば復帰する女性が増えているという。ソ連時代のように手厚い社会保障もないからだそうだ。

マイーダの夫が、ロシアへ出稼ぎに行っていた2010年～12年は、2 2(i)で見たように、移民の受け入れが緩和され、ロシアでの労働がかなり自由になった時期であった（2014年3月10日インタビュー）。

(ii) **フメリの場合**　フメリは51歳で夫とフジャンドで暮らしている。2001年に夫婦と3人の息子を連れてロシアのエカテリンブルグへ家族で出稼ぎに行き、12年にいた。ソ連時代は、レニナバード（フジャンドの旧名）シルクコンビナートいう大きな工場で、品質管理の仕事を16年していたが、ソ連解体後に工場は閉鎖され、仕事がなくなり、小さな子どもを連れて夫とロシアへ向かったそうだ。ロシアでは、すぐに仕事が見つかったという。夫は運転手として、フメリはコックとして働き始めた。フメリは、ロシア人の友人のおかげでコックの仕事に就けたそうだ。現在はロシアで仕事を見つけけることは難しいが、当時はそれほどではなかったという。その後2009年までコックとして働いていたが、2009年に家族でフジャンドへ戻った。その時には息子たちはすでに結婚していた。その後、フメリはフジャンドでもコックとして働

写真1　ロシアへ出稼ぎに行ったことのある女性
出典：筆者撮影

き、カフェを経営していた。子どもたちはまたロシアへ行ってしまった。現在も子どもたちはみんなロシアで仕事をしている。息子たちは季節労働者ではなく、ロシアに定住している。たまに休みの時に戻ってくるだけだ。長男は内装職人で、人を雇って自分の作業グループを持っている。次男はタクシーの運転手。三男は長男と一緒に働いている。フメリと夫も最近までまたロシアにいた。ロシア人の友人の誘いで、夫は車の修理工場で働き、2DKのアパートを借りていた。タジキスタンとロシアは二重国籍の協定を結んでいるので、ロシアの国籍を取ることは可能であるが、フメリはロシア国籍を取ることは考えていない。なぜなら彼女にとって故郷はタジキスタンだからだという。フメリは一生ロシアに居たいとは思っていない。彼女は、インタビューの直前にロシアから一時帰国していた。長男の嫁がフジャンドで大学を卒業するので、フメリは付きそいで帰ってきていたのであった。3人の嫁たちもロシアで働いている。かばん専門店で働いている嫁、食料品店でレジ係をしている嫁、そして食料品店のマネージャーをしている嫁である。マネージャーをしている嫁が大学を卒業するのだ。フメリの夫が病気なので、彼女は夫と基本的にはフジェンドにいる。しかし、彼女は息子の家族を助けるためにロシアとタジキスタンを行ったり来たりしている。息子たちはまだ若いからか、ロシアが住みやすいと言っている。子どもの教育のためにもロシアがいいという。ロシア語ができないと良い仕事に就くことができないからだ。フメリは、子どもたちもいずれはフジャンドに戻ってくると思っている。ソ連時代と今とどちらが良いかと質問すると、もちろんソ連時代だという。ソ連時代は、いつ給料がもらえるのか分かっていたし、有給休暇になれば休み、子供たちは無料で幼稚園や学校に通っていた。今ではすべて有料で、幼稚園も学校も有料で、すべてがお金だという。それに比べてソ連時代は平穏だったという。3人子どもがいて、3DKに住んで、月曜日から金曜まで仕事をし、土曜か日曜日には休んで、両親や親戚のところに訪ねていくことができる、そんな安定した生活だった。しかし、今は時間に追われている。もう戻れないと分かっているから、ノスタルジーなのかもしれないともいう。ソ連時代は、55歳が年金受給年齢であったが、現在のタジキスタンでは58歳に引き上げられ、交通費の足しにもならないような額の

年金でも、受給までに後7年働かないともらえない。今の楽しみはソーシャルネットで、以前にシルクコンビナートで一緒に働いていたロシア人等のあちこちに住んでいる友人たちと連絡を取ることだという。離れて暮らす友人たちにとってもレニナバードは特別で、別世界であると彼女はいう。彼女の夢は、タジク料理も、ロシア料理も出すカフェを開くことだそうだ。

　フメリの家族がフジャンドからロシアへ出稼ぎに行ったのは、ロシアの移民に関する新しい法律が作られる前であり、まさに混乱期である。その時期に子ども3人を連れて移住したのである。彼女のインタビューにあるように、ソ連時代には世界に誇るシルク工場が、ソ連邦解体のあおりを受けて閉鎖し、まさに路頭に迷って家族ごとロシアへ移り住んだのである。彼女たちの世代はロシア語に困ることもなく、ロシア社会に溶け込むことも容易であったと想像する。また、現在のような中央アジアの人たちに対する偏見や差別意識もそれほど強くなく、仕事も簡単に見つけることができたのである。しかし、彼女たちはロシアへの永住は考えておらず、ノスタルジーかもしれないが、ソ連時代のレニナバードへの思いが強いようだ。しかし、子ども世代は価値観もライフスタイルも変化している。息子の妻たちも仕事を持ち、大学進学もしており、ジェンダーの状況は変化してきていることが分かる（2014年3月10日インタビュー）。

　(iii) **イブラットの場合**　イブラットは46歳で、フジャンドに現在3人の子どもと暮らしている。助産師として27年間助産院で仕事をしている。2番目の夫が2008年に亡くなり、生活苦から助産師を辞め、2009年〜2011年まで、モスクワのメキシコパンの工場で補助労働者として働いていた。この時期は労働許可書が必要であった。彼女は昼夜を問わず働き、月に日

写真2　フジャンドバザールでパンを売る女性
出典：筆者撮影

本円で10万以上稼いだこともあったが、過労で倒れ、仕事を辞めて故郷へ戻った。タジキスタンで生活するのは大変だと言う。冬には電気も制限され、暖房もない。子どもたちにはロシア語を身につけて欲しいと願う。筆者がインタビューしている時にも、イブラットは娘とロシア語で会話をしており、「ロシア語で日常も話しているのですか。タジク語ではないのですか」という質問に「ロシア語は知らないとだめですから」と断言した。「またモスクワへ行きたいですか」とたずねると、「仕事がまともで、住環境も普通なら働きに行きたいです。タジキスタンより給料はいいからです。ここでの給料は安すぎます」、と話していた。彼女は、ロシアでは仕事を選ばないと言っていた（2014年3月10日）。すでに２３で見てきたようにタジキスタンでは仕事がなく、あっても給料が安い。それゆえ劣悪な環境でもロシアで仕事をしないと生活ができない状況が、イブラットのインタビューからもうかがえる。

(ⅳ) カロン（52歳）と妻グルスマン（48歳）の場合　　カロンは、季節労働者で、もう15年くらい春になるとロシアの建設現場へ出稼ぎに行っている。春からがシーズンである。以前は公務員、コルホーズで散水夫をしていたが、ソ連解体後に平穏な生活は崩れ、仕事がない生活になった。良い生活をするために彼らはロシアへ行っている。ロシアのモスクワ郊外に知り合いがいるのでいつも同じところに行く。フジャンドには仕事がないからだという。ロシアから帰ってきてフジャンドにいる時は、白タクの運転手をしている。たまに白タクをする以外仕事は特にしてい

写真3　タジキスタン山岳部の村の男性
ロシアで働いている

出典：筆者撮影

ない。ロシアで稼いだ分で十分やっていけるという。息子が2人と娘が1人いる。孫も2人いる。現在は、妻と嫁と暮らしている。妻のグルスマンはソ連解体前、コルホーズで働いていた。その後バザールで働いていたが、フジャンドでは仕事がない。妻のグルスマンもモスクワで3年働いてきた。今年もまた一緒に行くつもりだ。カロンはモスクワ郊外での生活はとても快適だという。なぜなら、皆が自分たちのことを知っていて、嫌がらせされることもなく、雇用主は妻にも仕事を斡旋してくれるからだ。妻は夫がロシアに出稼ぎに行き始め、それからかなり時間がたってた2011年から夫と一緒に出稼ぎに行っている。1年のうち2～3ヵ月仕事をして戻るという生活である。妻は、花の水やり、芝生刈り、建設現場で仕事をする労働者の食事作りをしている。2人はモスクワ郊外にアパートを借りて働いている。夫は自分の給料に満足だが、妻は安いと感じている。ちなみに妻の給料は、週休1日で1万6000～1万7000ルーブルだそうだ。カロンは、フジャンドには仕事がないからロシアで働かざるを得ないというが、妻のグルスマンはもうロシアでは働きたくないという。なぜなら、同居している孫娘の面倒をみなければならないからだ。嫁は22歳で、専門学校を卒業し、すぐ結婚、出産したので働いた経験はなく、子育て手当も受給していない（タジキスタンでは、子育て手当は労働経験がないと支払われない）。国からの支援はなく、嫁もロシアで働きたいと考えている。そこで筆者の「ソ連時代と今とどちらの方がよいのか」という質問に対しては、「ソ連時代は安定していた。給料はもらえていた。でも今ここでは稼げない。今が悪いからロシアへ出稼ぎに行くんだ。タジキスタンに仕事があれば行くはずはない」、という。モスクワ郊外に夫婦2人で出稼ぎに行っても、3ヵ月もすると故郷に帰りたくなる。故郷が一番なのだと言う（2014年3月11日インタビュー）。

2　ペテルブルグでのインタビュー

（i）**ニソの場合**　ニソは、ウズベキスタンのサマルカンド出身の35歳の女性である。サマルカンドでは教師であった。3年前にペテルブルグに来た。高齢者のお世話をして3年になる。ニソは、サマルカンドにいた時には、姑の世話をしていた。姑は糖尿で片足を切断して、寝たきりだった。姑が亡くなり、

写真4　フジャンドカフェの厨房で働く女性
出典：筆者撮影

夫を追って15歳の長男を連れてロシアに来たのである。12歳の次男は、サマルカンドに置いてきた。ニソは斡旋会社を通じて週2回の家政婦の仕事を見つけた。時給は200ルーブルで、交通費は出ない。老女は寝たきりなので、オムツ替えやあらゆる介護をしている。

　今問題なのは長男がペテルブルグで学校に通っていないことである。息子はロシア語がよくわからないからである。夫は10年間同じ場所でコックとして働いていて、現在コック長をしている。一家はロシアに永住するつもりはない。なぜなら二重国籍は許されていないからである。もし、ロシアの国籍を取得したら、ウズベキスタンには3カ月以上滞在できないからである。

　まず、ロシアへ男性が出稼ぎに来て、その後家族を呼び寄せるというケースは筆者のインタビューの中でもよく見られる。夫が妻を呼び寄せ、妻はロシアで仕事を始めるが、自分の専門で働くことができることは稀である。路上の売店、掃除婦、家事労働者などが典型的な仕事である。非常に興味深いことは、女性たちが夏休みに帰省する際には、彼女の替わりに親戚や知り合いが仕事を代替してくれるという。ロシアにおける移民ネットワークが存在しているのである。お互いに助け合っているのである（2013年8月23日インタビュー）。

　(ii)　**オイナの場合**　　オイナは45歳でサマルカンド出身である。ウズベック人である。家庭ではタジク語の方言で話している。彼女は化粧品店に勤めている。この仕事は知り合いを通じて見つけたそうだ。月に1万8000ルーブルもらい、仕事も給料にも満足しているという。サマルカンドでは教育大学を卒業し

ている。ロシア語教師として学校で働いていた。ペテルブルグでは25歳の長男と住んでいる。長男はロシアで働いて4年になる。次男は家族とアメリカに住んでいる。次男はアメリカのグリーンカードを取得した。筆者とのインタビューの3日前に、高校をまだ卒業していない17歳の長女がサマルカンドからやって来た。18歳になっていないので、ロシアで正式に仕事を見つけることは難しい。オイナは、娘がロシアにいる間、娘が一時的にできる家政婦の仕事を探している。オイナ自身は、朝9時から夕方4時まで仕事をしている。娘の居場所や安全のために。できれば朝、高齢者のところに娘を連れて行き、夕方連れて帰れる家政婦の仕事を探しているのである。ただ、家にいるより少しでもお金になる娘の居場所を探しているようだ。

　オイナが、ペテルブルグへ仕事をするためにやってきたのは、長男の結婚式を盛大に祝うためである。ロシアへ出稼ぎに来る理由は、人によって様々である。ある人は車がほしいから、ある人は家を建てたいから、オイナは息子の盛大な結婚式のためである。彼女は教師という仕事はとても好きであったし、満足していた。しかし、給料がよくなかったので、辞めてロシアへ出稼ぎに来るよりほかに方法がなかったと言う。オイナが故郷を後にする時、夫の許可をとることは非常に難しいことであった。夫は故郷で小ビジネスをしているが、長女が18歳になったら、夫と娘もロシアに来ることになっているのだそうだ。オイナの両親は彼女の弟の家族と住んでいる。弟たちが両親の面倒をみてくれている。彼女の両親は、オイナたちがロシアで稼いでくれているのをとても喜んでいる。もちろん両親にも仕送りをしている（2014年8月14日インタビュー）。

5　やはり祖国・・・

　現在のロシアでは、中央アジアを含め多くの移民が働いているが、その多くは旧ソ連からの人たちである。筆者はロシアのペテルブルグにいる中央アジアの女性たち、タジキスタンのフジャンドの人たちに話を聞いた。当初は、調査結果をタイポロジー化することを考えていたが、1人1人のストーリーが当たり前ではあるが様々であり、タイポロジー化することは簡単ではなく、また

個々のストーリを大切したいと思うようになっていった。したがって、最後にロシアの移民のタイポロジー化を提示するのはなく、感想めいたものでこの章を締めくくることにする。

ロシアの建設現場などで働いている移民は、春から秋にかけて1年の半分くらいをロシアの建設現場で働く男性労働者たちが多い。タジキスタンでは仕事がないために本職がなく、ロシアで半年くらい働き故郷に戻ってまた出稼ぎに行くといった人たちである。いずれはタジキスタンで暮らしたいと考えている。しかし、親世代と一緒に幼い頃からロシアへ行ったり来たりしていた2世代目は、ロシアで自分たちの家族を持ち、子どもはロシアの学校に通わせ、二重国籍の取得を希望している人もいる。1世代目は、今はロシアにいる子どももいずれは故郷に戻ってくるだろうと考えている。

また、女性に関しては、出稼ぎは男性が中心であるが、インタビューからも分かるように、現在では女性も男性と一緒にロシアへ行き、働くケースも増えている。そして、これまでの中央アジアの慣習では、嫁が夫の両親の面倒をみることが一般的であったが、嫁も夫についてロシアに行く場合も多い。タジキスタンにおけるジェンダー状況にも変化が見られる。筆者が、タジキスタンとクルグスタンの国境にある村の大学で現地の学生や教員に現地調査をした時に、クルグス人の女性が、「今私たちの村で問題なのは、女性もロシアへ出稼ぎに行き、ロシアで高齢者の介護をしていますが、村には自分たちの肉親が高齢者となっているのに、誰が介護するのでしょうか」、と疑問を口にした（2014年3月11日インタビュー）。まさに、中央アジアからロシアへ人々が出稼ぎに行く中で生じるジェンダーの変容が垣間見えるインタビューである。

聞き取り調査の中で、「祖国がいいに決まっている。でも食べていくためには仕方がなくロシアへ出稼ぎに行くんだ」というたぐいの話を何度も聞いた。誰だって問題がなければ自分の国で生活をするだろう。しかし、それができないから、差別があろうと、身に危険があろうと他国へ向かうのである。当たり前のことを忘れそうになっていた。今後も現場の声にできるだけ耳を傾け、その状況を提供していきたい。

【付記】本稿は、筆者が代表を務めた日本学術振興会科学研究費補助金基盤研究（C）（平成22年〜24年）、同科学研究費補助金基盤研究（C）（平成25年〜27年）、同科学研究費補助金基盤研究（C）（平成28年〜31年）、また、分担者を務めた同科学研究費補助金基盤研究（B）（平成23年〜25年）、同科学研究費補助金基盤研究（A）（平成26年〜30年）、の研究成果の一部である。

〔参考文献〕

五十嵐徳子（2012）「旧ソ連諸国のジェンダーの状況——ソ連時代からの遺産とその功罪」塩川伸明ほか編『ユーラシア世界4　公共圏と親密圏』東京大学出版会、127-153頁

五十嵐徳子・雲和広（2013）「タジク女性の声——タジキスタンミクロサーベイより」ロシア・ユーラシアの経済と社会965号、2-25頁

岡奈津子（2008）「祖国を目指して——在外カザフ人のカザフスタンへの移住」岡奈津子編『移住と「帰郷」離散民族と故地』調査研究報告書、アジア経済研究所

ザイオンチコフスカヤ，ジャンナ（2010）「移民労働がつなぐロシアと中央アジア」大津定美訳、堀江典生編著『現代中央アジア・ロシア移民論』ミネルヴァ書房

土岐康子（2003）「ロシア連邦における外国人の法的地位法」外国の立法215号、139-144頁

堀江典生（2015）「ロシアの出稼ぎ労働の規制とその背景」ユーラシア研究53号、72-74頁

溝口修平（2007）「ロシアの新しい移民政策と外国人問題」外国の立法231号、23-30頁（http://www.ndl.go.jp/jp/diet/publication/legis/231/023104.pdf）

湯浅剛（2010a）「ユーラシアの移民と安全保障——問題の位置づけとロシア、カザフスタンの現状」防衛研究所紀要12巻（2・3）、31-47頁

─── （2010b）「中央アジアのシティズンシップと安全保障」「移民労働がつなぐロシアと中央アジア」堀江典生編『現代中央アジア・ロシア移民論』ミネルヴァ書房

CIS-Stat (2015) Commonwealth of Independent States in 2014, Moscow.

Lubin, N. (1981) "Women in Soviet Central Asia: Progress and contradictions," *Soviet Studies*, vol.33, No.2.

United Nations (2016) Department of Economic and Social Affairs, *International Migration Report 2015 Highlights*, New York.

World Bank, World Development Indicators 2016.

あとがき

　1990年のドイツ統一から25年を経て、ドイツおよび欧州は大きく変化している。EU（欧州連合）を牽引しているドイツ・フランスでは、難民問題・テロ等の新たな課題に直面している。また、両国および欧州において国内政治では、反難民・移民、反イスラムを掲げる極右政党または右派ポピュリストが台頭してきている。さらに、今年の6月末に英国の国民投票でEU離脱賛成が過半数以上を占めるという衝撃的な出来事が起こった。確かに、EUの今後の動向は、きわめて不透明な部分があるが、「欧州の統合」「戦争のない平和な社会の実現」「多様性の中の統合」というEUの理念は決して消え失せるものではないであろう。

　2007年5月に天理大学でEU研究会を立ちあげてから10年が経とうとしている。その間、在大阪・神戸ドイツ連邦共和国領事館および総領事には、天理大学での講演会、領事館見学等で大変お世話になった。2007年12月アメルング総領事、2010年11月オルブリッヒ総領事、2013年6月および2015年5月イェガー副総領事、2016年6月カールステン総領事といった歴代のそうそうたる方々をお招きして講演会を開催できたことは、天理大学およびEU研究会にとってこの上のない名誉なことである。また、2013年6月の独仏協力条約（エリゼ条約）講演会の際には、在京都フランス共和国総領事のジャンヴィエ=カミヤマ氏にも講演をしていただいた。EUを牽引する独仏の総領事が来校され講演会をするというきわめて国際性のある企画を実現できたことも、EU研究会の会員の力によるところが大きい。

　今後は、地道に研究会を開催し天理大学から国際的な地域研究の成果を発信し続けて行けるよう微力ながら努力していく決意である。EU研究会結成10周年目の年に研究活動の集大成として、研究会会員が中心となって本書をまとめることができたことは、大きな喜びである。会員以外の方（宮氏、望月氏）にも執筆していただいているが、お2人とも研究会主催の講演会や研究会共催

の授業をしていただいている。各章の内容をここで改めて触れることはしないでおこうと思う。執筆者が「ドイツ統一」「EU」「欧州」に直接・間接に関わるテーマに関してユニークな視点からまとめた論稿でありその評価に関しては、読者のみなさんの判断に委ねたい。

　私事であるが、大学院時代の恩師である大阪大学名誉教授の高田敏先生には、ドイツおよび欧州に目を開かせるきっかけをつくっていただき心より感謝する次第である。ご高齢であるが、研究活動を活発にされている先生の爪の垢を煎じて飲まなければいけないと常に肝に銘じている。

　最後に、出版事情がきわめて悪いなかで本書の出版を許していただいた法律文化社と企画段階から編集までお世話になった編集部の小西英央さんには、心からお礼を申し上げたい。永尾教昭学長におかれては、「巻頭言」を執筆していただき身に余る光栄である。また、天理大学から天理大学学術図書出版助成をいただくことができ本書が日の目を見たといっても過言ではない。ここに、付記して感謝を申し上げたい。

　　　2016年7月中旬

　　　　　　　　　　　　　　　　　　　　　　　　執筆者を代表して
　　　　　　　　　　　　　　　　　　　　　　　　浅 川 千 尋

執筆者紹介

(①現職　②専門分野　③最終学歴・取得学位　執筆順)

宮　　隆啓（みや　たかひろ）　　　　　　　　　　　　　　　第1章
　①毎日放送　社友
　②ドイツ現代史（元 TBS/MBS ボン支局長、ベルリン支局長）
　③神戸大学経済学部経済学科卒業

佐藤　孝則（さとう　たかのり）　　　　　　　　　　　　　　第2章
　①天理大学おやさと研究所教授
　②環境教育論、宗教的風土論、動物生態学
　③新潟大学大学院自然科学研究科博士課程修了・博士（学術）

中祢　勝美（なかね　かつみ）　　　　　　　　　　　　　　　第3章
　①天理大学国際学部准教授
　②ドイツ現代史、独仏文化交流
　③金沢大学大学院文学研究科修士課程修了

浅川　千尋（あさかわ　ちひろ）　　　　　　　　　　　　　　第4章
　①天理大学人間学部教授
　②憲法、行政法、動物保護と法
　③大阪大学大学院法学研究科博士後期課程単位取得満期退学

森　洋明（もり　ようめい）　　　　　　　　　　　　　　　　第5章
　①天理大学おやさと研究所准教授
　②言語学、フランス語教授法、地域研究（コンゴ・フランス）
　③フランス・トゥールーズ大学修士課程修了

関本　克良（せきもと　かつよし）　　　　　　　　　　　　　第6章
　①天理大学総合教育研究センター准教授
　②国際人権論、国際人権法
　③神戸大学大学院国際協力研究科博士後期課程修了・博士（学術）

望月　浩二（もちづき　こうじ）　　　　　　　　　　　　　　第7章
　①環境規制コンサルタント・「ドイツ・欧州環境規制」主宰（ドイツ在住）
　②環境問題全般
　③早稲田大学理工学部応用物理学科卒業

山本　真司（やまもと　しんじ）　　　　　　　　　　　　　　第8章
　①天理大学国際学部准教授
　②イギリス文学・文化、シェイクスピア演劇
　③ロンドン大学大学院バークベック校 PhD コース修了・博士（英文学）

五十嵐徳子（いがらし　のりこ）　　　　　　　　　　　　　　第9章
　①天理大学国際学部教授
　②旧ソ連地域研究
　③大阪大学大学院言語文化研究科博士後期課程修了・博士（言語文化学）

Horitsu Bunka Sha

ドイツ統一から探るヨーロッパのゆくえ

2016年12月25日　初版第1刷発行

編　者	天理大学EU研究会
発行者	田靡純子
発行所	株式会社 法律文化社

〒603-8053
京都市北区上賀茂岩ヶ垣内町71
電話 075(791)7131　FAX 075(721)8400
http://www.hou-bun.com/

＊乱丁など不良本がありましたら、ご連絡ください。
　お取り替えいたします。

印刷：亜細亜印刷㈱／製本：㈱藤沢製本
装幀：前田俊平

ISBN 978-4-589-03807-4

Ⓒ2016 天理大学EU研究会 Printed in Japan

JCOPY 〈㈳出版者著作権管理機構 委託出版物〉

本書の無断複写は著作権法上での例外を除き禁じられています。複写される
場合は、そのつど事前に、㈳出版者著作権管理機構（電話 03-3513-6969、
FAX 03-3513-6979、e-mail: info@jcopy.or.jp）の許諾を得てください。

高橋 進・石田 徹編 **「再国民化」に揺らぐヨーロッパ** ―新たなナショナリズムの隆盛と移民排斥のゆくえ― A5判・240頁・3800円	ナショナリズムの隆盛をふまえ、国家や国民の再編・再定義が進む西欧各国における「再国民化」の諸相を分析。西欧デモクラシーの問題点と課題を提示し、現代デモクラシーとナショナリズムを考えるうえで新たな視座を提供する。
高橋 進・石田 徹編 **ポピュリズム時代のデモクラシー** ―ヨーロッパからの考察― A5判・246頁・3500円	ポピュリズム的問題状況が先行しているヨーロッパを対象として取り上げ、理論面と実証面から多角的に分析し、問題状況の整理と論点の抽出を試みた。同様の問題状況が現れつつある日本政治の分析にとって多くの示唆を与える。
岡部みどり編 **人の国際移動とEU** ―地域統合は「国境」をどのように変えるのか？― A5判・202頁・2500円	欧州は難民・移民危機にどう立ち向かうのか。難民・移民への対応にかかわる出入国管理・労働力移動・安全保障など、諸政策の法的・政治的・経済的問題を実証的かつ包括的に考察する。
安江則子編著 **EUとグローバル・ガバナンス** ―国際秩序形成におけるヨーロッパ的価値― A5判・404頁・3200円	外交政策、安全保障、通商、開発援助、環境、刑事司法といった各分野においてグローバルアクターとしてのEC/EUがどのような価値規範を形成し外交政策に反映させてきたのか。リスボン条約成立以降の新展開を詳細に分析。
吉田 徹編 **ヨーロッパ統合とフランス** ―偉大さを求めた1世紀― A5判・330頁・3200円	フランスという国民国家が主権の枠組みを超える欧州統合という史上稀にみる構想を、どのようにして実現していったのか。経済危機で揺れる欧州の深層を探るべく、第一線の研究者とフランスの元外相が共同執筆。

―法律文化社―

表示価格は本体(税別)価格です